180 DEVOCIONALES

para cuando

LA VIDA ES DIFÍCIL

Ánimo para el corazón de la mujer

180 DEVOCIONALES
para cuando
LA VIDA ES DIFÍCIL

Ánimo para el corazón de la mujer

Renae Brumbaugh Green

BARBOUR
ESPAÑOL
Un Sello de Barbour Publishing

© 2022 por Barbour Publishing, Inc.

ISBN 978-1-63609-106-8

Título en inglés: *180 Devotions for When Life Is Hard*.

© 2018 por Barbour Publishing, Inc.

Todos los derechos reservados. Ninguna parte de esta publicación puede ser reproducida o transmitida con fines comerciales, excepto por breves referencias en revisiones impresas, sin el permiso por escrito de la editorial.

Las iglesias y otras entidades con intereses no comerciales pueden reproducir parte de este libro sin autorización escrita expresa de Barbour Publishing, siempre y cuando el texto no exceda 500 palabras o el 5% de todo el libro o menos, y no sea material citado de otra editorial. Cuando se reproduzca el texto de este libro deben incluirse las siguientes líneas de crédito: «De *180 devocionales para cuando la vida es difícil*, publicado por Barbour Publishing. Usado con permiso».

El texto bíblico indicado con «BLPH» ha sido tomado de la BIBLIA LA PALABRA, (versión hispanoamericana) © 2010 Texto y Edición, Sociedad Bíblica de España. Todos los derechos reservados. Usado con permiso.

El texto bíblico indicado con «DHH» ha sido tomado de la BIBLIA DIOS HABLA HOY, Tercera edición © Sociedades Bíblicas Unidas, 1966, 1970, 1979, 1983, 1996. Todos los derechos reservados. Usado con permiso.

El texto bíblico indicado con «NBLA» ha sido tomado de LA NUEVA BIBLIA DE LAS AMÉRICAS © Copyright 2005 por The Lockman Foundation. Usado con permiso.

El texto bíblico indicado con «NTV» ha sido tomado de la SANTA BIBLIA, NUEVA TRADUCCIÓN VIVIENTE, © Tyndale House Foundation, 2010. Usado con permiso de Tyndale House Publishers, Inc., 351 Executive Dr., Carol Stream, IL 60188, Estados Unidos de América. Todos los derechos reservados.

El texto bíblico indicado con «NVI» ha sido tomado de LA SANTA BIBLIA, NUEVA VERSIÓN INTERNACIONAL® NVI® Copyright © 1999, 2015 por Biblica, Inc.® Usado con permiso de Biblica, Inc.® Todos los derechos reservados mundialmente.

El texto bíblico indicado con «RVR1960» ha sido tomado de la versión REINA-VALERA © 1960 Sociedades Bíblicas en América Latina; © renovado 1988 Sociedades Bíblicas Unidas. Todos los derechos reservados. Utilizado con permiso.

El texto bíblico indicado con «RVR1995» ha sido tomado de la versión REINA-VALERA 95 ©1995 Sociedades Bíblicas Unidas. Todos los derechos reservados. Utilizado con permiso.

Desarrollo editorial: Semantics, Inc. Semantics01@comcast.net

Publicado por Barbour Español, un sello de Barbour Publishing, Inc., 1810 Barbour Drive, Uhrichsville, Ohio 44683.

Nuestra misión es inspirar al mundo con el mensaje transformador de la Biblia.

Impreso en Estados Unidos de América.

EL CAMINO DE DIOS ES PERFECTO

El camino de Dios es perfecto; la palabra del Señor es
intachable. Escudo es Dios a los que en él se refugian.
SALMOS 18.30 NVI

El camino de Dios es perfecto. Eso suena bien... pero también
suena un poco a tópico, sobre todo cuando estamos sumidos
en la angustia y la desesperación. Si el camino de Dios es perfecto, ¿por qué duele tanto? ¿Es Dios cruel? ¿No se preocupa
por nosotros?

El camino de Dios no tiene defectos... pero la vida tiene
muchas imperfecciones y carencias... Mientras estemos en
esta tierra, tendremos problemas. ¿No lo dijo él? Pero cuando
corremos hacia él en esos problemas, él es un escudo. Él es
un refugio. Él es nuestro lugar seguro. Cuando acudimos a él,
nos ama, nos consuela y nos protege. La vida puede no ser
perfecta, pero Dios siempre lo es.

Padre amado, gracias por tu perfecto amor. Recuérdame,
cuando la vida sea difícil, que puedo correr hacia ti. Gracias por
estar siempre ahí para mí. Amén.

UN GUERRERO PODEROSO

Porque el Señor tu Dios está en medio de ti como guerrero victorioso. Se deleitará en ti con gozo, te renovará con su amor, se alegrará por ti con cantos.

Sofonías 3.17 NVI

La ansiedad se define como el estrés o la inquietud mental causada por el miedo al peligro o a la desgracia. Ciertamente, esta vida está llena de peligros y desgracias. Cuando transitamos por nuestros días sin Dios, tenemos muchas razones para sentir temor. Pero no tenemos por qué hacer este viaje solos. Tenemos un guardaespaldas, así como un guardaespíritus, que nunca nos dejará ni nos abandonará. ¡Él es el Guerrero Poderoso que salva!

Él se complace en los que le aman y se mantienen cerca de él. Seguramente no tenemos nada que temer junto a este héroe que nos adora. Él nos ama más allá de toda descripción. Nos protegerá y nos salvará. Con Dios como defensor, no tenemos motivos para sentir temor.

Padre amado, gracias por ser el Guerrero Poderoso que salva. Recuérdame tu presencia y ayúdame a no sentir miedo. Amén.

TRABAJO DURO

*Hagan lo que hagan, trabajen de buena gana, como
para el Señor y no como para nadie en este mundo.*
COLOSENSES 3.23 NVI

El trabajo puede ser una carga o una delicia, según el día y las circunstancias. Cuando nos encontramos en un empleo que se ajusta a nuestros dones y talentos, trabajando para personas que nos aprecian, el trabajo nos da una inmensa satisfacción. Pero cuando estamos en un empleo que no se ajusta a nuestra personalidad o a nuestras habilidades, o cuando trabajamos con personas que no nos toman en cuenta, puede parecer una condena interminable.

No importa en qué tipo de trabajo estemos, Dios quiere que recordemos que realmente estamos trabajando para él. Él bendecirá la honestidad, la diligencia y una actitud respetuosa. Podemos orar por mejores oportunidades, y adquirir las habilidades que nos lleven a una nueva posición. Mientras tanto, debemos recordar que nuestro *verdadero* jefe es amoroso y generoso, y que nos recompensará por el trabajo duro.

---

*Padre amado, ayúdame a encontrar satisfacción en mi trabajo.
Quiero honrarte en él. Amén.*

EL PLAN DE DIOS

*Si prestas atención a estas normas, y las cumples y las obedeces
[...] el SEÑOR te mantendrá libre de toda enfermedad.*

DEUTERONOMIO 7.12, 15 NVI

Todo este pasaje enumera las formas en las que Dios bendecirá a los que viven una vida justa y recta. Mantenernos libres de enfermedades es solo una de las formas en que Dios bendice a los piadosos. Sin embargo, todos conocemos a personas piadosas que están afligidas por algún tipo de enfermedad terrible. Entonces, ¿no cumple Dios sus promesas?

Por supuesto que lo hace. Mientras estemos en este mundo, no seremos del todo inmunes. Sin embargo, vivir vidas de pureza y rectitud nos lleva a una existencia más saludable. Si no ponemos cosas malas en nuestros cuerpos hay menos probabilidades de contraer cáncer. Somos menos propensos a contraer ETS si seguimos las directrices de Dios para el sexo dentro del matrimonio. Las leyes de Dios fueron establecidas porque son buenas, y traen salud y longevidad. Incluso cuando la enfermedad ataca, la justicia sigue produciendo la vida abundante que no se puede encontrar fuera del plan de Dios.

---

*Padre amado, gracias por tus guías perfectas para una vida
sana y justa. Por favor, sáname. Amén.*

LA PROMESA DE DIOS

El SEÑOR mismo marchará al frente de ti y estará contigo;
nunca te dejará ni te abandonará. No temas ni te desanimes.

DEUTERONOMIO 31.8 NVI

Dios prometió no dejarnos ni abandonarnos nunca. Él es eterno, ya ha estado en el futuro y ha vuelto. Él va delante de nosotros, allanando el camino, preparando la senda. Cuando caminamos con Dios, no tenemos nada que temer.

Puede que otras personas en nuestra vida no hayan cumplido sus promesas de estar a nuestro lado, pero Dios no puede fallar. Él nunca romperá una sola promesa; no está en su naturaleza. Cuando nos sentimos en soledad, podemos recordar que nunca lo estamos. Respira tranquila en su presencia, porque él está ahí. Cuando temamos el futuro, recuerda que él sabe lo que nos espera, y que caminará con nosotros a cada paso del camino. Dios prometió quedarse con nosotros y cuidarnos, y siempre cumple sus promesas.

Padre amado, gracias por tu promesa de permanecer conmigo y
cuidarme. Siento tu presencia y sé que estás aquí. Amén.

DIOS OYE NUESTRO CLAMOR

Que el Señor te responda cuando estés angustiado;
que el nombre del Dios de Jacob te proteja.

SALMOS 20.1 NVI

Los seres humanos podemos ser criaturas extrañas. En toda la naturaleza, somos los únicos que ocultamos nuestro malestar tras una sonrisa. Mantenemos la barbilla en alto y los hombros hacia atrás y seguimos adelante, cuando detrás de nuestro exterior seguro nos estamos desmoronando.

Pero Dios oye el clamor de nuestro corazón. Conoce nuestro sufrimiento y siente nuestro dolor. Cuando lo llamamos, aunque sea dejando salir algunas de nuestras emociones, ocultas tras la seguridad de nuestra fachada de aplomo, ¡Él responderá! Él nos ama, y nunca nos dejará atravesar solos los tiempos difíciles.

No hay por qué ocultar nuestro dolor a Dios. Él nos ve en nuestro peor momento, ¡y piensa que somos seres magníficos! Nos ama intensamente. Cualquiera que sea nuestra fuente de angustia, él lo sabe. Él se preocupa. Y él está ahí.

Padre amado, gracias por escuchar los lamentos de mi corazón.
Estoy pasando por un momento difícil. Necesito sentir tu
presencia en mi vida; necesito que me rescates. Amén.

SIN NINGUNA DUDA

Ahora bien, la fe es la garantía de lo que se espera,
la certeza de lo que no se ve.

HEBREOS 11.1 NVI

Ver es creer. Al menos, eso es lo que nos dice el mundo. Pero los caminos de Dios no son nuestros caminos. Dios quiere que creamos antes de ver. Quiere que estemos tan seguros de lo que esperamos que ni siquiera cuestionemos su realidad. Después de todo, él nos llama a una vida de fe. Creer después del hecho no es en realidad fe. Es solo el reconocimiento de algo que ya ha sucedido.

Satanás quiere que pongamos en duda nuestra fe, o la creencia en el bien que Dios tiene reservado para nosotros. Le susurra mentiras a nuestro espíritu. Nos dice que nunca va a suceder. Si puede debilitarnos en el núcleo de nuestra fe, le estamos dando a Satanás exactamente lo que quiere.

Pero, así como Dios le prometió a Noé que enviaría un diluvio, así como Dios le dijo a Abraham que le daría un heredero, podemos *saber*, sin lugar a duda, que Dios cumplirá sus promesas con nosotros. Y sus promesas incluyen cosas maravillosas, más de lo que podamos imaginar.

Padre amado, yo creo. Amén.

EL FAVOR DE DIOS

Que el favor del Señor nuestro Dios esté sobre nosotros.
Confirma en nosotros la obra de nuestras manos; sí, confirma
la obra de nuestras manos.

Salmos 90.17 nvi

Dios diseñó el trabajo para que fuera una actividad inmensamente satisfactoria. Puede que el trabajo duro no sea divertido, pero nos da un sentido de propósito, nos ayuda a pagar las facturas y nos ayuda a dormir bien por la noche. Cuando sentimos que nuestro trabajo no marca la diferencia, eso puede hacer que nos cuestionemos nuestra existencia.

Todos pasamos por períodos de insatisfacción con nuestros empleos. Pero cuando pasamos largos períodos sin encontrar alegría o propósito en nuestro trabajo, debemos pedirle a Dios sabiduría. Tal vez necesitemos cambiar de empleo. Tal vez necesitemos cambiar nuestras actitudes. Cuando oramos por nuestro trabajo, debemos asegurarnos de que estamos complaciendo a Dios con nuestros esfuerzos. Entonces podemos pedir que su gracia descanse sobre nosotros, y confiar en que él establecerá y bendecirá nuestro trabajo.

Padre amado, que tu gracia descanse sobre mí en mi trabajo;
confirma la obra de mis manos. Amén.

LÍDERES DIVINOS

Entonces el Señor levantó jueces que los libraron
de la mano de los que los saqueaban.

JUECES 2.16 NBLA

¿Has estado alguna vez dentro de la cabina electoral sin saber a quién votar? ¿Te has preguntado alguna vez, con desesperación, si hay una sola persona que sea capaz y esté dispuesta a servir a nuestro país con una ética sincera y una habilidad política? La Palabra de Dios nos dice que no nos preocupemos. Dios levantará a los líderes que quiere usar, en su momento.

Cuando los israelitas fueron saqueados, probablemente sintieron que Dios los había olvidado. Pero él no los había olvidado. Dios nunca, nunca, se olvidará de aquellos que lo llaman por su nombre. En su tiempo, él trajo jueces para liberar a Israel de las manos del mal. En su tiempo, él levantará líderes piadosos que liberarán a sus hijos de aquellos que usan su poder para beneficio personal, a expensas de los necesitados y desamparados.

Cuando toda esperanza parece perdida, podemos recordar a los israelitas y saber que Dios tiene todo bajo control.

Padre amado, confío en ti para que traigas líderes piadosos.
Por favor, hazlo pronto. Amén.

PROVEEDOR GENEROSO

*Pues quien no mira por los suyos, especialmente por los de su
casa, ha renegado de la fe y es peor que los infieles.*

1 Timoteo 5.8 blph

Una de las razones por las que Dios creó el sistema familiar
es para que no estuviéramos solos. Siempre ha sido el plan
de Dios —por su diseño— que nos apoyemos en nuestras
familias en los momentos difíciles. Pero la sociedad moderna
fomenta una mentalidad de buscar a un número uno. A
menudo nos sentimos agobiados y resentidos cuando se nos
pide que ayudemos a un miembro de la familia que lo necesita.

Cuando tenemos la oportunidad de ayudar a un familiar,
debemos verlo como un privilegio, no como una carga. En
esos momentos, tenemos la oportunidad de ponernos en el
lugar de Dios por un momento. Él es un proveedor generoso
y amoroso, y nunca da la espalda a sus hijos. Al convertirnos
en un proveedor generoso y amoroso para otra persona, nos
volvemos como Dios, piadosos. Y Dios siempre bendice a los
que tratan de ser como él.

*Padre amado, enséñame a ser una generosa y cariñosa
proveedora para mi familia. Amén.*

SOBRE LOS PRÉSTAMOS

El rico se enseñorea de los pobres,
y el que toma prestado es siervo del que presta.
PROVERBIOS 22.7 RVR1960

Los prestamistas pueden ser astutos. A las empresas de crédito a menudo no les importa si puedes permitirte algo o no. Quieren prestarte dinero porque saben que lo recuperarán con intereses exorbitantes. Por eso la Biblia advierte que no se debe pedir dinero prestado si no es absolutamente necesario.

En lugar de comprar un auto nuevo, a menudo se puede comprar uno usado por mucho menos. O podemos tomar el autobús y ahorrar el dinero que habríamos gastado en el pago de un auto hasta que podamos pagar uno al contado.

Muchas cosas que pensamos que necesitamos son en realidad solo deseos. Si prescindimos de ellas hasta que podamos pagarlas en efectivo, evitaremos el estrés y la ansiedad que supone deber dinero. Cuando vivimos dentro de nuestras posibilidades, en lugar de endeudarnos para vivir en un nivel de ingresos más alto, en realidad vivimos más tranquilos.

Padre amado, gracias por los buenos consejos financieros que
das en tu Palabra. Ayúdame a vivir dentro de mis posibilidades.
Amén.

LLENOS DE ALEGRÍA

Pero que se alegren todos los que en ti se refugian; que canten alegres alabanzas por siempre. Cúbrelos con tu protección, para que todos los que aman tu nombre estén llenos de alegría.

SALMOS 5.11 NTV

A menudo se confunde la alegría con la felicidad. Aunque la alegría puede parecerse a la felicidad, los dos conceptos tienen fuentes totalmente diferentes. La felicidad se basa en lo que está sucediendo ahora mismo. La alegría se basa en un futuro seguro y victorioso.

Cuando estamos en problemas, podemos refugiarnos en Dios, y podemos alegrarnos. Podemos —y queremos— cantar sus alabanzas para siempre. Todos los que aman a Dios, todos los que son llamados sus hijos, estarán llenos de alegría.

La razón de esa alegría es que sabemos que, a pesar de nuestros problemas actuales, tenemos esperanza. Tenemos la promesa de un buen futuro lleno de amor y paz, y carente de sufrimientos y pruebas de todo tipo. Aunque no nos sintamos felices por nuestra circunstancia actual, podemos volver a alegrarnos, porque sabemos cómo terminará nuestra historia.

Padre amado, te amo y me refugio en ti. Lléname de tu alegría mientras me concentro en el maravilloso futuro que has planeado para mí. Amén.

UNA FE OSADA

Por la fe el pueblo cruzó el Mar Rojo como por tierra seca; pero,
cuando los egipcios intentaron cruzarlo, se ahogaron.

HEBREOS 11.29 NVI

A veces, Dios nos lleva a encrucijadas inesperadas en nuestra
fe. Él anhela que confiemos en él, así que nos lleva al punto
de no retorno. O bien nos adentramos entre muros de agua y
confiamos en que no nos dejará ahogarnos, o bien nos entregamos en brazos del enemigo, que sin duda se encargará de
nuestra desaparición. «*¿Cuál eligen?*», pregunta Dios.

Nada en el pasado de los israelitas los había preparado
para atravesar un mar profundo sin mojarse. Por lo que sabían,
les esperaba la muerte. Sin embargo, sabían que sería mejor
ahogarse, siguiendo a Dios, que morir —o incluso vivir— a
manos del enemigo.

Así que se lanzaron al agua, y Dios los liberó más ple-
namente, más fielmente de lo que podían imaginar. No solo
vivieron, sino que sus enemigos fueron destruidos gracias a
ese acto de fe salvaje y temeraria.

Padre amado, enséñame a tener una fe temeraria.
Confío en ti. Amén.

ARENA SOBRE LA LLAMA

Con tus buenas obras, dales tú mismo ejemplo en todo. Cuando enseñes, hazlo con integridad y seriedad, y con un mensaje sano e intachable. Así se avergonzará cualquiera que se oponga, pues no podrá decir nada malo de nosotros.

TITO 2.7–8 NVI

Dondequiera que vayamos, nos encontraremos con personas difíciles. Estaría bien que Dios solo creara personas *agradables*, pero Dios ama la diversidad. Y parte de la celebración de las diferencias de la gente es aceptar que algunas personas van a ser más difíciles de sobrellevar que otras.

No podemos evitar que las personas difíciles sean, bueno, difíciles. Sin embargo, podemos darles las menos ocasiones posibles para que sean así. Este versículo nos dice que, en todo lo que hacemos, debemos dar ejemplo. No hay que escatimar. Da más de lo que se espera. Muestra amabilidad, generosidad y clase. No cotillees ni calumnies, muestra humildad y trata a los demás con respeto.

Cuando vivimos vidas rectas e irreprochables, echamos arena sobre la llama de la persona difícil. Cuando mostramos continuamente amor y bondad, hacemos que Dios se sienta orgulloso, y él nos bendecirá.

Padre amado, ayúdame a vivir una vida irreprochable. Amén.

PIENSA EN ESTAS COSAS

Por último, hermanos, consideren bien todo lo verdadero,
todo lo respetable, todo lo justo, todo lo puro, todo lo amable,
todo lo digno de admiración, en fin, todo lo que sea excelente
o merezca elogio.

FILIPENSES 4.8 NVI

El tipo de combustible que ponemos en nuestros autos determina su funcionamiento. Si usamos buena gasolina, son más eficaces que si usamos una barata y diluida. Lo mismo ocurre con nuestra mente. Nuestras acciones y emociones suelen estar determinadas por nuestros pensamientos. Cuando nos alimentamos de pensamientos positivos y edificantes, estos se convierten en sentimientos y acciones puras y nobles.

Si luchamos contra la depresión, la ira, el miedo u otras emociones negativas, veamos con qué estamos alimentando a nuestro cerebro. Algunos problemas pueden requerir atención médica, pero podemos llevar nuestra salud mental en la dirección correcta controlando lo que pensamos. Podemos desechar esas creencias dañinas y reemplazarlas con la Palabra de Dios y pensamientos edificantes. Al hacerlo, descubriremos que todo adquiere un matiz más positivo.

Padre amado, dame fuerza para decir no a los pensamientos
y actitudes poco saludables, y ayúdame a llenar mi mente con
cosas positivas. Amén.

AMARSE UNOS A OTROS

No deban a nadie nada, sino el amarse unos a otros. Porque el
que ama a su prójimo, ha cumplido la ley.

ROMANOS 13.8 NBLA

Hay muchas cosas en la vida que no podemos controlar. Si bien es cierto que tenemos un poder limitado para cambiar nuestras circunstancias, sí podemos hacer todo lo posible para vivir según las normas de Dios. No debemos pedir dinero prestado para algo si podemos prescindir de ello. Pero debemos tener siempre presente la deuda de amor que tenemos con Dios. Él quiere que paguemos esa deuda amando a otras personas.

Cuando nos amamos, ese amor vuelve a nosotros. Hace que los demás se sientan bien con nosotros, y nos devuelven el amor. Nos ayudan cuando pueden. También complace a Dios, y él derrama sus bendiciones sobre nosotros. Cuando nos sentimos impotentes para cambiar nuestra situación, podemos buscar formas de amar a otras personas. Puede que eso no resuelva todos nuestros problemas, pero sin duda hará que las cosas cambien en la dirección correcta.

Padre amado, gracias por este recordatorio de pagar mi deuda
de amor. Muéstrame hoy quién necesita amor. Amén.

AMARNOS A NOSOTROS MISMOS

Toda la ley se cumple, si se cumple este solo mandamiento:
Amarás a tu prójimo como a ti mismo. Pero si andan
mordiéndose y devorándose unos a otros, terminarán por
destruirse mutuamente.

GÁLATAS 5.14–15 BLPH

Algunas de las personas más difíciles con las que hay que con-
vivir son las que no se aman a sí mismas. Puede parecer que
se aman a sí mismas y no a los demás, pero no suele ser así.
Cuando no nos gusta la persona que vemos en el espejo cada
mañana, normalmente tampoco nos importa mucho el resto.

Cuando se nos ordena amar a los demás como a nosotros
mismos, se da por supuesto que nos amamos a nosotros mismos. Dios quiere que nos ocupemos de nuestras necesidades,
que nos mostremos amables con nosotros mismos y que
seamos amables con nuestros pensamientos. Y quiere que
también tratemos a los demás de esa manera.

Cuando nos amamos a nosotros mismos como Dios nos
ama, y amamos a los demás de la misma manera —atendiendo
a sus necesidades y mostrando amabilidad, gentileza y respeto— nuestras relaciones se vuelven saludables y satisfactorias.

Padre amado, enséñame a amarme a mí misma para poder
amar mejor a los demás. Amén.

EL SANADOR

Darán culto al SEÑOR su Dios, y él bendecirá tu alimento y tu
bebida. Yo mantendré alejadas de ti las enfermedades.

ÉXODO 23.25 BLPH

Dios advirtió a los israelitas, y nos advierte a nosotros, sobre los peligros de adorar a otros dioses. En un contrato de alianza con su pueblo, él dijo: *«Si haces esto, yo haré esto otro»*. Pero si los israelitas elegían ser infieles, el pacto quedaba anulado. A menudo, Dios, en su misericordia, decidió bendecir a su pueblo a pesar de su pecado, pero no podían esperar los beneficios completos de sus promesas si no estaban dispuestos a cumplir su parte del trato.

Lo mismo ocurre hoy en día. La enfermedad existe porque el pecado existe en este mundo, y cada uno de nosotros ha pecado. Cuando elegimos la fidelidad a Dios como estilo de vida, es posible que la enfermedad nos afecte. Pero eso no niega su inmenso amor por nosotros. Cuando le amamos con todo nuestro corazón, podemos clamar al Sanador, y él nos bendecirá.

Padre amado, tú eres el Sanador. Por favor, sáname a mí
y sana a los que amo. Amén.

NO TENGAS MIEDO

Cuando lo vi, caí como muerto a Sus pies. Y Él puso Su mano derecha sobre mí, diciendo: «No temas, Yo soy el Primero y el Último, y el que vive, y estuve muerto...».

APOCALIPSIS 1.17–18 NBLA

Dios es tan asombroso, tan poderoso, que no podemos evitar temerlo. Cuando estamos por primera vez en su presencia, la esencia de su grandeza nos abruma. Pero este versículo nos asegura que, aunque temamos ante la magnitud de su poder, no tenemos nada que temer de él.

Dios ha existido con todo su poder desde el principio de los tiempos, y nunca dejará de existir. En todo ese poder está su amor abrumador por nosotros, y él combina ese amor y poder para trabajar en nuestro favor en cada etapa de nuestra vida.

Cuando las circunstancias nos dejan ansiosas por todo tipo de cosas, podemos hacer una pausa, sentir esa mano suave en nuestro espíritu y escuchar su voz susurrando: «No temas».

Padre amado, gracias por este recordatorio de que tú me amas y no necesito tener miedo. Amén.

HONRA A TUS PADRES

Ustedes, los hijos, obedezcan a sus padres como procede que lo
hagan los creyentes. El primer mandamiento que lleva consigo
una promesa es precisamente este: Honra a tu padre y a tu
madre, a fin de que seas feliz y vivas largos años sobre la tierra.

EFESIOS 6.1–3 BLPH

Por naturaleza, los padres aman a sus hijos. Aunque hay excepciones, la mayoría de los padres quieren lo mejor para sus hijos. Incluso los impíos enseñarán cosas buenas a sus hijos con la esperanza de que tengan éxito en la vida. Cuando escuchamos la sabiduría de nuestros padres, evitamos cometer los mismos errores que ellos cometieron, y nuestras vidas son mejores.

Este versículo contiene tanto una promesa como un principio. Cuando escuchamos a las personas que Dios ha puesto en autoridad sobre nosotros como nuestros padres, cuando elegimos honrarlos y darles motivo de orgullo, elegimos un camino de sabiduría, que nos lleva a una vida triunfante. Y siempre podemos encontrar la sabiduría buscando la opinión de Dios, porque él es el padre por excelencia.

Padre amado, gracias por ser el padre perfecto. Ayúdame a
honrar a mis padres terrenales, y ayúdame a honrarte a ti.
Amén.

NO HAY POR QUÉ LAMENTARSE

Y el Señor dijo a Samuel: «¿Hasta cuándo te lamentarás por Saúl, después que Yo lo he desechado para que no reine sobre Israel? Llena tu cuerno de aceite y ve; te enviaré a Isaí, el de Belén, porque de entre sus hijos he escogido un rey para Mí».
1 Samuel 16.1 nbla

Las elecciones pueden ser muy emotivas. No importa cuál sea nuestra posición en el espectro político, los temas que son importantes para nosotros parecen cruciales para nuestra salud, felicidad y bienestar futuros. Cuando nuestro candidato o nuestra causa no ganan, podemos sentirnos devastados y sin esperanza.

Pero debemos recordar que Dios lo tiene todo bajo control. Él conocía los resultados de las elecciones actuales antes del comienzo del tiempo, y ya ha puesto todo en marcha para llevar a cabo su plan perfecto. No hay necesidad de lamentar la pérdida de unas elecciones o un giro desfavorable de la marea política. Solo tenemos que confiar en él.

Padre amado, por favor levanta a un líder piadoso.
Necesitamos un David. Amén.

ESPERA EN DIOS

*Puse en el SEÑOR toda mi esperanza; él se inclinó hacia mí
y escuchó mi clamor. Me sacó de la fosa de la muerte, del lodo
y del pantano; puso mis pies sobre una roca, y me plantó
en terreno firme. Puso en mis labios un cántico nuevo,
un himno de alabanza a nuestro Dios. Al ver esto, muchos
tuvieron miedo y pusieron su confianza en el SEÑOR.*

SALMOS 40.1–3 NVI

A nadie le gusta esperar. Por eso muchos de nosotros preferimos comer comida de baja calidad en un autoservicio en vez de experimentar la alegría de una comida casera. Pero muchas bendiciones solo pueden obtenerse a través de la paciencia y de mucha espera.

Basta con mirar las bendiciones que recibió David por esperar. Primero, Dios lo escuchó. Luego, Dios lo sacó del pozo. Luego, puso a David sobre una roca y le dio un lugar firme para estar de pie. Finalmente, Dios puso una canción de alabanza en el corazón de David.

La mayoría de las bendiciones de Dios no son como la comida rápida. Ten paciencia y espera en Dios. Te alegrarás de haberlo hecho.

---

*Padre amado, enséñame a esperar. Sé que tienes cosas buenas
reservadas para mí. Amén.*

OBEDECER: UNA BUENA DECISIÓN

*Por la fe cayeron las murallas de Jericó, después de haber
marchado el pueblo siete días a su alrededor.*

HEBREOS 11.30 NVI

Los ejércitos se entrenan para luchar. Es cierto que marchan.
A veces tocan las trompetas. Pero la verdadera esencia de lo
que un ejército está entrenado para hacer es avanzar, matar y
destruir. Cuando Dios les pidió a los israelitas que marcharan
alrededor de los muros de Jericó y tocaran las trompetas,
debieron sentirse un poco ridículos.

La fe puede parecer ridícula a veces. Desafía la lógica. No
tiene ningún sentido. Sin embargo, el pueblo de Dios sabe,
por experiencia, que la fe tiene mucho sentido. No importa lo
que Dios nos pida que hagamos, no importa lo descabellado
que pueda parecer, siempre es la decisión más segura y sólida.
Porque si Dios está a nuestro favor, ¿quién puede estar en
contra de nosotros (Romanos 8.31)? Cuando obedecemos
a Dios, podemos sentirnos ridículos. Pero a la obediencia le
siguen a menudo los milagros. Confía en él. Obedécelo. Y mira
cómo caen esos muros.

*Padre amado, confío en ti. Ayúdame a obedecerte, incluso
cuando se sienta extraña la obediencia. Creo en que los muros
de mi vida caerán. Amén.*

HACER EL BIEN

No nos cansemos de hacer el bien, porque a su debido tiempo
cosecharemos si no nos damos por vencidos.

GÁLATAS 6.9 NVI

Hacer lo correcto puede ser agotador. Todos podemos ser buenos de vez en cuando. Pero tomar las decisiones correctas día tras día, semana tras mes tras año puede agotarnos, especialmente cuando la recompensa nos espera en algún lugar del futuro distante.

Es más fácil hacer lo *malo* que lo *bueno*. Los cotilleos pueden ser adictivos; es difícil alejarse o posicionarse cuando escuchamos secretos jugosos. Llegar tarde al trabajo e irse antes es mucho más fácil que quedarse la media hora extra.

Sin embargo, cada vez que tomamos la difícil decisión de hacer lo correcto, creamos un efecto dominó que acabará regresando a nosotros, trayendo una gran cosecha de paz, alegría y buena voluntad de Dios. Pequeña elección a pequeña elección, con la ayuda de Dios, podemos crear un legado que, al final, habrá merecido el sacrificio.

Padre amado, ayúdame a no cansarme de hacer el bien.
Quiero honrarte en todo lo que hago. Amén.

PERSIGUIENDO SUEÑOS

El que labra su tierra tendrá abundante comida, pero el que sueña despierto es un imprudente.

PROVERBIOS 12.11 NVI

El trabajo duro, la mayoría de las veces, sirve para satisfacer nuestras necesidades. Dios quiere que persigamos nuestros sueños; después de todo, él los creó. Pero debemos asegurarnos de equilibrar esos sueños con la aplicación práctica. Podemos formarnos y practicar nuestras habilidades para llegar a donde queremos estar en la vida. Mientras tanto, a veces tenemos que hacer cosas que no nos apetecen para poder pagar las facturas.

Los actores y las actrices, mientras persiguen su sueño, a menudo deben servir mesas en el proceso. Los aspirantes a escritores deben dar clases; los músicos dotados ofrecen lecciones de piano. Cuando dedicamos nuestros sueños a Dios, él encontrará la forma de utilizar nuestros talentos, aunque no nos paguen por ello. Pero cualquier trabajo honesto que nos dé un salario es una bendición en sí mismo, ya que nuestras necesidades quedan satisfechas y se nos da la oportunidad de bendecir a otros.

Padre amado, ayúdame a equilibrar mis sueños con una aplicación práctica. Gracias por darme trabajo. Amén.

ÉL NOS LIBRA

Muchos son los males del justo,
pero de todos lo libra el Señor.

SALMOS 34.20 BLPH

La Palabra de Dios puede ser confusa. A veces, él promete proteger a los justos de la enfermedad y la dolencia. En otras ocasiones, él promete liberar a los justos de la aflicción. Él no puede librarnos de algo si nunca lo experimentamos.

Vivimos en un mundo donde existe el pecado. Como el pecado rompió el sistema perfecto que Dios creó, todos estamos afectados. El cáncer, la diabetes, la artritis e incluso las gripes mortales están ahí, y a veces se instalan en nosotros. Pero para quienes aman a Dios con todo su corazón, esas aflicciones no tienen la última palabra. Dios nos librará de todas ellas. A veces, esa liberación tiene lugar aquí en la tierra. Otras veces, él nos libera directamente de esta existencia llena de dolor hacia una eternidad libre de dolor, llena de paz y saturada de amor. Sea como sea, nos libera.

Padre amado, gracias por librarme de toda aflicción. Te amo.
Confío en ti. Sé que eres bueno. Amén.

CUIDADO DE LA FAMILIA

---

*Pero si alguien no provee para los suyos, y especialmente para
los de su casa, ha negado la fe y es peor que un incrédulo.*
1 TIMOTEO 5.8 NBLA

Dios creó la estructura familiar para nuestro beneficio. Los
padres cuidan de los hijos cuando son demasiado jóvenes para
cuidar de sí mismos. Más tarde, los niños deben cuidar de sus
padres cuando son demasiado viejos o débiles para vivir solos.
Esto puede significar cuidados físicos en el hogar, o puede
implicar asistencia financiera.

  También debemos cuidar de otros miembros de la familia.
Si los que tienen medios se ocuparan de sus propias familias,
eliminaríamos parte de la necesidad de asistencia guberna-
mental, y daríamos dignidad a las personas. Como hijos de
Dios, todos formamos parte de la misma familia espiritual,
y debemos asegurarnos de cuidar a los que nos rodean. Esto
puede ser una tarea difícil a veces, pero Dios siempre bendecirá
a los que le honran de esta manera.

---

*Padre amado, muéstrame cómo puedo cuidar a los miembros
de mi familia hoy. Amén.*

PATERNIDAD AMABLE

Y ustedes, los padres, no hagan de sus hijos unos resentidos;
edúquenlos, más bien, instrúyanlos y corríjanlos
como lo haría el Señor.

EFESIOS 6.4 BLPH

Ser padres es duro. No hay manera de evitarlo. Volcamos nuestras vidas en nuestros hijos, que son individuos con sus propias personalidades, dones y talentos. Y esas personas, nuestros hijos, toman sus propias decisiones. A veces, esas decisiones no coinciden con lo que les hemos enseñado o con lo que queremos para ellos.

Pero Dios quiere que los tratemos con respeto, el mismo respeto con el que trataríamos a un extraño. Cuando nuestros hijos nos presionan y nos sacan de quicio, no debemos tomar represalias con ira. Cuando hablamos con dureza y explotamos, les enseñamos a tratarnos así, y eso crea un ciclo interminable. Cuando tenemos dominio propio y los disciplinamos con amor, amabilidad y respeto, puede que esas lecciones no se asimilen inmediatamente, pero debemos tener paciencia y perseverar, sabiendo que Dios honrará nuestros esfuerzos por actuar con amor y mansedumbre, incluso cuando no tengamos ganas.

Padre amado, ayúdame a no hacer de mis hijos unos resentidos.
Amén.

ORACIÓN POR SANIDAD

*Se daba la circunstancia de que el padre de Publio estaba
en cama aquejado por unas fiebres y disentería. Pablo fue a
visitarlo y, después de orar, le impuso las manos y lo curó.*

HECHOS 28.8 BLPH

En los tiempos bíblicos se daban curaciones milagrosas y
siguen teniendo lugar hoy en día. La oración es una herra-
mienta poderosa, especialmente la oración de un hombre
justo. Entonces, ¿por qué Dios no elige *siempre* sanar?

La respuesta es que no lo sabemos. Pero es útil recordar
que Pablo habló de su propia enfermedad. Mientras Pablo
oraba por otros a los que Dios decidió sanar, nunca se vio
aliviado de su propia afección. Aunque a veces es difícil entender el propósito de Dios, sabemos que las dificultades nos
hacen más compasivos. Nos acercan a Dios. Y hace que nos
centremos en lo eterno.

Cuando estemos enfermos, debemos orar y pedir sanidad. También debemos recordar que los caminos de Dios no
son nuestros caminos, y confiar en su amor y propósito para
nuestras vidas.

*Padre amado, por favor sáname a mí o a mi ser querido.
Confío en ti. Amén.*

LA LUZ

Tú, SEÑOR, eres mi lámpara;
tú, SEÑOR, iluminas mis tinieblas.

2 SAMUEL 22.29 NVI

¿Alguna vez has sentido que la luz se ha apagado dentro de tu alma? La definición de depresión es un lugar o parte hundida, una zona más baja que la superficie circundante. La definición psicológica es una condición de abatimiento y retracción emocional general, una tristeza mayor y más prolongada que la justificable por cualquier razón objetiva. Es un sentimiento de oscuridad, con la creencia infundada de que la luz está fuera de nuestro alcance.

Pero Dios es nuestra lámpara. Él no funciona con electricidad, así que su luz nunca se apagará. Cuando todo está oscuro en nuestros espíritus, podemos recurrir a él. Él está ahí. Y cuanto más tiempo pasemos en su presencia, más veremos el resplandor de su luz, iluminando los lugares sombríos de nuestra alma.

Padre amado, gracias por ser mi luz. En este momento
todo parece oscuro, pero sé que tú estás aquí conmigo.
Por favor, aleja mi oscuridad interior, y aleja la penumbra
con el brillo de tu amor. Amén.

GENERACIONES FUTURAS

Cuando tus días se cumplan y reposes con tus padres,
levantaré a tu descendiente después de ti, el cual saldrá
de tus entrañas, y estableceré su reino.

2 SAMUEL 7.12 NBLA

A veces nos preocupamos por el clima político, no por cómo nos afectará a nosotros, sino por el bien de nuestros hijos y nietos. Pero Dios, que nos ha cuidado desde antes de que respiráramos por primera vez, que ha caminado junto a cada uno de nuestros antepasados desde antes de que tengamos constancia de su existencia, no abandonará a nuestros descendientes. Su fidelidad es inmutable, y su amor nunca falla.

No solo cuidará de los que vengan después de nosotros, sino que levantará líderes de todo tipo, para llevar a cabo su plan perfecto. Aunque debemos seguir orando, votando y permaneciendo políticamente activos como Dios nos llama, no debemos estar ansiosos por el futuro. Dios cuidará de las generaciones futuras, igual que ha cuidado de nosotros.

Padre amado, perdóname por preocuparme.
Confío en tu fidelidad y en tu amor. Amén.

ANSIEDAD POR NADA

*Por nada estén afanosos; antes bien, en todo, mediante
oración y súplica con acción de gracias, sean dadas a conocer
sus peticiones delante de Dios. Y la paz de Dios, que sobrepasa
todo entendimiento, guardará sus corazones
y sus mentes en Cristo Jesús.*

FILIPENSES 4.6–7 NBLA

No te preocupes por *nada*. La palabra «nada» no deja ningún margen de maniobra. No está bien, ni siquiera es razonable, que un seguidor de Cristo se preocupe por *nada*. Aunque las circunstancias nos abrumen o asusten, la única respuesta razonable para un cristiano es llevar esas preocupaciones directamente a Dios en oración y dejarlas con él.

Este versículo lleva la oración un paso más allá. La súplica es una oración humilde, un ruego o una petición. Es ponerse de rodillas ante Dios y presentar nuestro caso. Algunos podrían ver una correlación directa entre el nivel de humildad y súplica en nuestras oraciones y el nivel de paz que obtenemos. Cuanto más vaciamos nuestro corazón y nuestras ansiedades ante Dios, más lo reemplaza con cosas buenas.

*Padre amado, gracias por este recordatorio de llevarte todo
a ti en humilde oración, y dejarlo contigo. Amén.*

DIOS Y EL HOMBRE

No es Dios un ser humano para que pueda mentir,
ni es mortal para cambiar de opinión.
¿Dirá algo y no lo hará? ¿Prometerá y no lo cumplirá?

NÚMEROS 23.19 BLPH

A veces nuestra fe en la humanidad se tambalea un poco. Y
así debe ser, porque los hombres son imperfectos. Incluso
una buena persona nos decepciona a veces. Cuando basamos
nuestra percepción de Dios en nuestras experiencias con otras
personas, es inevitable que nos decepcionemos.

Pero Dios está muy lejos de cualquier humano. No puede
mentir. No puede cometer errores. Solo puede ser bueno. En
cada aliento que damos, en cada paso que damos, en cada
momento de nuestras vidas, Dios está trabajando constantemente para nuestro bien. Si él lo prometió, podemos estar
seguros de que cumplirá esa promesa, pase lo que pase.

Padre amado, perdóname por haber dudado de ti. Sé que
cumplirás todas tus promesas. Confío en ti, y sé que eres bueno.
Ayúdame a relajarme en ese mismo conocimiento. Amén.

UNA RESPUESTA AMABLE

*Respuesta amable aplaca la ira,
palabra hiriente enciende la cólera.*

PROVERBIOS 15.1 BLPH

Algo que caracteriza a una persona difícil es que se enoja fácilmente. Pero incluso la ira de la persona más irascible puede mantenerse a raya con amabilidad, gentileza y respeto. Por otro lado, las respuestas breves y cortantes, llenas de impaciencia y sarcasmo, le producen resentimiento hasta a un santo.

Se necesita dominio propio para mantener la voz suave, el tono amable. Cuando alguien nos molesta, lo último que queremos hacer es mostrarnos amables. Pero los gramos de prevención de una respuesta suave bien valen los kilos de amargura y conflicto que traerá una respuesta cáustica.

Cuando nos encontremos con la *necesidad* de responder con dureza, quizá debamos respirar hondo, elevar una oración y ejercer algo de autodisciplina. En lugar de dar una réplica mordaz, podemos ofrecer una agradable sorpresa en forma de palabras tranquilizadoras salpicadas con amor.

---

*Padre amado, ayúdame a desarrollar el dominio propio
en mi forma de hablar a los demás. Ayúdame a mostrar
amor y bondad con mis palabras. Amén.*

UN CORAZÓN SIN PROBLEMAS

No se turbe vuestro corazón;
creéis en Dios, creed también en mí.

JUAN 14.1 RVR1995

Este mandamiento, dicho así sin más, no es tan fácil como parece. «No se turbe vuestro corazón». La implicación es clara: nuestros corazones querrán turbarse. Las circunstancias nos frustrarán; las situaciones nos llevarán a la ansiedad y al miedo. Los problemas son una condición propia de la vida.

Pero también entra en juego un acto de nuestra voluntad humana. «No se turbe vuestro corazón». Esa forma de expresarlo implica que tenemos una opción. Nuestros corazones no permanecerán en un estado de preocupación sin nuestro permiso. Solo vivimos en constante tensión si nos permitimos vivir así.

Dios está listo, esperando, para encargarse de nuestros problemas. Quiere que los pongamos a sus pies y sigamos con nuestra vida, sabiendo que él se encargará de todos los detalles.

Padre amado, gracias por este recordatorio de que no tengo que estar preocupada. Ayúdame a poner las cosas difíciles de mi vida a tus pies. Amén.

PARA LA PRÁCTICA

*Por eso, si ustedes no han sido honrados en el uso de las
riquezas mundanas, ¿quién les confiará las verdaderas?*

LUCAS 16.11 NVI

La Biblia nos dice que el dinero es secundario con respecto a las
verdaderas riquezas del cielo. Así como les damos a los niños
billetes de juguete para que practiquen para cuando tengan
dinero de verdad, Dios quiere que veamos nuestro dinero
como una práctica para las bendiciones más intangibles que
él tiene reservadas para nuestras vidas. Si podemos manejar
nuestras finanzas sabiamente, Dios nos bendecirá con más.
Si no podemos manejar nuestro dinero, ¿por qué debería Dios
confiarnos cosas que tienen aún más valor?

Cuando vemos nuestras finanzas como unas prácticas
asignadas para prepararnos para dones más preciosos, se
elimina parte del estrés que nos autoimponemos. Dios cuidará
de nosotros, pero también quiere ver lo bien que podemos
cuidar de lo que ya nos ha dado.

---

*Padre amado, ayúdame a ser prudente con mi dinero.
Ayúdame a ser confiable con las cosas que me has dado.
Amén.*

PERDÓN

*De modo que se toleren unos a otros y se perdonen
si alguno tiene queja contra otro. Así como el Señor los perdonó,
perdonen también ustedes.*

COLOSENSES 3.13 NVI

Cuando las personas nos hacen daño, el perdón puede dar la sensación de ser una derrota. A menudo queremos aferrarnos a los agravios que tenemos contra los demás. Queremos abrazar esos malos recuerdos en nuestro regazo como si fueran una suave mascota. Los sacamos, los alimentamos y los acariciamos. Los analizamos desde todos los ángulos posibles, y cada vez que lo hacemos nuestra ira aumenta, hasta que la amargura nos consume como un cáncer.

Perdonar no es decir que una acción estuvo bien. Al contrario, es reconocer que el recuerdo es perjudicial —perjudicial para nosotros mismos y para nuestras relaciones con Dios y los demás— y tomar la decisión de amputarlo. Cuando perdonamos, le entregamos a Dios el recuerdo o el hecho, para dejar espacio a las cosas buenas en nuestra vida.

Cuando alguien nos hace daño, debemos afrontarlo y superarlo tan pronto como seamos capaces. El perdón nos libera para vivir una vida sana, productiva y llena de amor.

*Padre amado, ayúdame a perdonar a los demás como tú me has
perdonado a mí: por completo. Amén.*

EL LIBERTADOR

Porque él librará al necesitado cuando clame.
También al afligido y al que no tiene quien lo auxilie.

SALMOS 72.12 NBLA

Lo ideal es que un gobierno tenga en cuenta los intereses de su pueblo en cada decisión que toma y en cada ley que aprueba. Pero los gobiernos están formados por personas. Las personas son imperfectas. Las personas tienen límites. La gente mete la pata.

Siempre debemos orar por las personas que Dios ha colocado en posiciones de liderazgo. Sin embargo, nunca debemos confundir nuestro gobierno con nuestra fuente de ayuda. Tenemos un Libertador. No importa lo que ocurra con nuestros impuestos o nuestros seguros o nuestras leyes, Dios está ahí. Él escucha nuestro clamor y ya conoce nuestras necesidades. Él ya ha puesto las cosas en movimiento para rescatar a aquellos que se acercan a él.

Él nos ama, y él —no el gobierno— nos librará. Todo lo que tenemos que hacer es clamar a él.

Padre amado, por favor, guía a los líderes de nuestro país
y de nuestro mundo. Dales sabiduría y compasión.
Tú ya conoces mis necesidades; por favor, rescátame. Amén.

EL SUSURRO DE DIOS

Tu misericordia, oh SEÑOR, me sostendrá.
Cuando mis inquietudes se multiplican dentro de mí,
tus consuelos deleitan mi alma.

SALMOS 94.18–19 NBLA

El salmista no dijo: «*Si* mis inquietudes se multiplican dentro de mí». Usó la palabra «cuando». Él sabía que esos pensamientos ansiosos seguramente vendrían, y seguramente llenarían cada rincón dentro de nosotros. Como las hormigas coloradas, picarán cada parte de nuestro espíritu. Pero él también sabía que no tenemos que sucumbir a ese tipo de temores. Dios nos sostendrá y deleitará nuestra alma.

Satanás nos quiere destruir desde dentro. Susurra nuestros peores temores, llenando nuestra mente de ansiedad. Pero Satanás es un mentiroso y un perdedor. No tenemos por qué escucharlo. Cuando esa voz de la duda llena nuestras cabezas, necesitamos escuchar más de cerca el susurro de Dios. Él está ahí, dándonos tranquilidad. Él está ahí, sosteniéndonos. Él está ahí, consolándonos y llenando nuestras almas de alegría.

Padre amado, gracias por tu amorosa bondad, que me da fuerza.
Gracias por deleitar mi alma con tu amor. Ayúdame a escuchar
tu voz por encima de todas las demás. Amén.

DESEOS CUMPLIDOS

El perezoso ambiciona, y nada consigue;
el diligente ve cumplidos sus deseos.
PROVERBIOS 13.4 NVI

¿Te has dado cuenta de que a menudo comemos más cuando estamos aburridos? Esto no debería sorprendernos, ya que el principio aparece aquí en Proverbios. Dios nos diseñó para trabajar duro y ser productivos. Cuando tenemos demasiado tiempo libre, nos aburrimos y llenamos nuestros pensamientos con todas las cosas que desearíamos tener, que creemos que nos harán felices. Es un ciclo interminable, porque nunca tendremos todo lo que deseamos mientras estemos en esta tierra. Nuestros apetitos nunca estarán satisfechos de verdad hasta que lleguemos al cielo.

Pero cuando trabajamos duro, no tenemos tiempo para pensar en todo lo que no tenemos. Nuestra mente se llena de propósito y productividad, y cuando descansamos de nuestro trabajo, comemos lo suficiente para saciarnos y dormimos profundamente. Aunque la labor en sí no nos deleite, el esfuerzo que ponemos en hacer bien un trabajo nos da una inmensa sensación de plenitud. El trabajo duro nos lleva a la satisfacción y a la paz.

Padre amado, ayúdame a encontrar la satisfacción
en el trabajo duro. Amén.

UNA VIDA BIEN VIVIDA

Si entre ustedes alguien se precia de sabio o inteligente,
demuestre con su buena conducta su amabilidad y su sabiduría.
Pero si ustedes tienen el corazón lleno de envidia y de ambición,
¿para qué presumir de sabiduría y andar falseando la verdad?
Semejante sabiduría no viene de lo alto, sino que es terrena,
carnal, diabólica. Y es que donde hay envidia y ambición, allí
reina el desenfreno y la maldad sin límites.

SANTIAGO 3.13–16 BLPH

Al tratar con personas difíciles, es fácil caer en la trampa de competir. Queremos ser mejores que la otra persona, y queremos que todos sepan que somos mejores. Pero la Palabra de Dios nos advierte contra este tipo de comportamientos triviales. Santiago nos anima a olvidar la competitividad y a dejar que nuestras acciones hablen por sí mismas.

Cuando somos buenos en algo, la gente lo nota. Cuando somos humildes y amables, no tenemos que exaltarnos, porque los demás lo harán por nosotros. Cuando tratamos con personas difíciles de manejar, lo mejor es ser simplemente lo que sabemos que debemos ser: personas humildes, amables y trabajadoras.

Padre amado, ayúdame a preocuparme más por vivir bien
que por parecerlo. Amén.

ÉL CUMPLIRÁ

Busqué al Señor, y Él me respondió,
Y me libró de todos mis temores.

Salmos 34.4 nbla

A veces queremos que Dios nos libere solo porque somos suyos. Queremos que se ocupe de nuestras necesidades simplemente porque es nuestro Padre, y eso es lo que hacen los padres. Pero nosotros también tenemos un papel que desempeñar en nuestra liberación. Si queremos respuestas, debemos buscarlo a él. Si queremos ser rescatados de nuestras ansiedades, debemos acercarnos a él.

Cuando lo busquemos, él responderá. Cuando lo busquemos, él nos salvará. Las respuestas no vienen a menos que preguntemos. El rescate no se promete a menos que pidamos ayuda. Cuando las circunstancias amenazan con abrumarnos, debemos preguntarnos: *¿Estoy buscando a Dios? ¿Puedo buscarlo más?* Cuando nos acerquemos a él tanto como podamos, él estará allí. Él responderá. Nos librará de nuestros miedos.

Padre amado, te estoy buscando.
Quiero estar tan cerca de ti como pueda. Amén.

HUMILDAD RADICAL

No hagan nada por egoísmo o vanidad; más bien, con humildad consideren a los demás como superiores a ustedes mismos.

FILIPENSES 2.3 NVI

La humildad es quizás la enseñanza más radical y *antinatural* que encontramos en la Palabra de Dios. Es nuestra naturaleza, *pecaminosa*, querer ser el número uno. Desde que nacemos, lloramos cuando tenemos hambre y exigimos que alguien nos alimente. Nos quejamos cuando queremos que nos cambien el pañal o que nos den un juguete, y esperamos que otros satisfagan nuestras necesidades. Si no tenemos cuidado, esa actitud de «yo primero» puede acompañarnos toda la vida y consumirnos.

Pero Dios quiere que vayamos en contra de nuestra naturaleza egoísta y pongamos a los demás antes que a nosotros mismos. Quiere que nuestra alegría provenga de bendecir a los demás. Como el niño que está más emocionado por *dar* un regalo de Navidad que por *recibirlo*, nuestra humildad amorosa y alegre es una bendición para los demás y un deleite para Dios.

Padre amado, por favor, enséñame a ejercer una humildad radical y alegre. Ayúdame a encontrar una inmensa satisfacción en poner a los demás antes que a mí mismo. Amén.

ACÉRCATE CON CONFIANZA

Acerquémonos, pues, llenos de confianza a ese trono de gracia,
seguros de encontrar la misericordia y el favor divino
en el momento preciso.

HEBREOS 4.16 BLPH

No se permite a cualquiera acercarse a un rey o una reina. Pero a los hijos de la realeza se les permite, e incluso se les invita, a acercarse al trono con confianza. Así somos nosotros. Somos hijos e hijas del Rey. Somos apreciados y muy amados. Cuando queremos o necesitamos algo, Dios quiere que hablemos con él. Él siempre satisfará nuestras necesidades, y a menudo también concederá nuestros deseos.

Cuando se trata de nuestra salud física, Dios anhela que acudamos a él. Nos creó para tener una relación con él. Aunque él no provoca que nos ocurran cosas malas, a veces las permite para acercarnos. Acércate hoy con confianza a él. Dile lo que tienes en mente y escucha su respuesta. Siempre seremos bendecidos al pasar tiempo en su presencia.

Padre amado, te amo con todo mi corazón. Por favor, ten piedad
de mí. Por favor, sáname, y sana a los que amo. Amén.

HERENCIA SABIA

El hombre de bien deja herencia a sus nietos; las riquezas
del pecador se quedan para los justos.

PROVERBIOS 13.22 NVI

En el Nuevo Testamento, Timoteo nos dice que el amor al
dinero es la raíz de toda clase de males. Esta promesa de
Proverbios muestra un lado diferente de esa afirmación. Las
personas buenas aman a otras personas más que al dinero.
Aman tanto a sus hijos y nietos que apartan dinero como
herencia en lugar de gastar todos sus bienes en ellos mismos.

El amor al dinero puede afectar a cualquiera, sea rico o
pobre. Los pobres pueden amar tanto el dinero que harán
cualquier cosa para conseguirlo. Los ricos pueden amar tanto
el dinero que nunca sienten que tienen suficiente. Pero el
amor al dinero es una adicción que nunca va a satisfacer el
anhelo más profundo de nuestro espíritu. Solo el amor a Dios
y a los demás llenará el hambre profunda de nuestras almas.
La persona sabia reserva el dinero para legarlo, como un acto
de amor y sacrificio.

Padre amado, enséñame a amar a los demás
más que al dinero. Amén.

CONFÍA EN QUE ÉL HARÁ

Encomienda a Jehová tu camino,
Y confía en él; y él hará.
SALMOS 37.5 RVR1960

Confiar en Dios puede ser difícil. Después de todo, ¿qué pasa si él no hace lo que queremos que haga? ¿Y si las cosas no salen como las habíamos planeado? Con demasiada frecuencia, es fácil llevar nuestros problemas a Dios, mostrarle cómo son, y luego alejarnos con esos problemas todavía en nuestro poder. Cuando hacemos eso, realmente no le hemos entregado nada a él. No hemos confiado en él.

Dios es un caballero, y no va a forzar nuestros problemas para que salgan de nuestro puño apretado. O queremos que él se ocupe de las cosas o nos ocuparemos de ellas nosotros mismos. No podemos tener las dos cosas.

Si queremos ver a Dios actuar, debemos confiar en él. Cuando abrimos nuestro puño y dejamos nuestras pruebas en las manos capaces de Dios, es cuando él actuará.

Padre amado, la confianza es difícil para mí. Sé que tú puedes manejar mis problemas mucho mejor que yo. Te los entrego ahora, y confío en ti. Amén.

AMOR QUE NO FALLA

Muchas son las calamidades de los malvados,
pero el gran amor del Señor envuelve a los que en él confían.

Salmos 32.10 nvi

Este versículo nos dice que los malvados tendrán muchos males. Sin embargo, a la mayoría de nosotros no nos gusta pensar que somos malos. ¿Por qué entonces parece que la pena nos rodea por todos lados?

Sabemos que Dios no elimina necesariamente todas nuestras penas. La tristeza y las dificultades forman parte de la vida. Pero cuando nos mantenemos cerca de nuestro Señor, cuando confiamos en su bondad en cada dificultad, sentimos su presencia. Su amor nos rodea. Nos da fuerza, valor, alegría y una paz que sobrepasa todo entendimiento.

Cuando caminamos por la vida sin confiar en Dios, esas penas nos invaden. Pero cuando confiamos en él, su amor nos levanta.

Padre amado, a veces me siento abrumada por el dolor. Confío
en tu bondad y en tu amor. Rodéame de tu presencia, Señor,
y guíame a través de este tiempo difícil. Te amo. Amén.

TODAS LAS COSAS

Todo lo puedo en Cristo que me fortalece.
FILIPENSES 4.13 NVI

Es una sensación maravillosa cuando sabemos que podemos con cualquier tarea que tengamos por delante. Pero a veces se nos encomienda una tarea que parece estar más allá de nuestras capacidades. En esos momentos, puede que hagamos lo mejor que podamos, y que nuestro mejor esfuerzo no parezca suficiente. En esos momentos, podemos tener la sensación de que hay un foco de atención dirigido a nuestras debilidades, a nuestras cualidades menos atractivas.

Lo creas o no, a Dios le encanta que nos encontremos con situaciones fuera de nuestro alcance. Si somos capaces de hacer un trabajo, nos llevamos el mérito cuando lo completamos. Pero si una tarea va más allá de nuestras capacidades, y pedimos a Dios que nos ayude a realizarla, ¡él se lleva la gloria! Él vive para dar amor y recibir gloria. Cuando nos encontramos en una situación imposible, podemos sonreír, sabiendo que él aparecerá cuando lo llamemos.

Padre amado, gracias por recordarme que todo lo puedo, no por mis propias fuerzas, sino por Cristo, que me fortalece. Amén.

EL CAMINO SUPERIOR

En cuanto de ustedes dependa, hagan lo posible
por vivir en paz con todo el mundo.

ROMANOS 12.18 BLPH

Este versículo contiene unos estándares muy elevados. Lo leemos y no podemos evitar asentir con la cabeza. Después de todo, ¿quién no quiere la paz mundial?

La práctica de este versículo es más difícil, especialmente cuando tratamos con personas imposibles. Después de todo, algunas personas no estarán contentas nunca. Algunas personas simplemente no son felices a menos que se sientan miserables. ¿Cómo se supone que vamos a cambiarlas?

No podemos controlar a nadie más. Pero podemos controlar nuestras propias palabras y acciones. Pablo no dice que debamos vivir en paz con todo el mundo; sabe que es imposible complacer a algunas personas. Pero nos anima a hacer todo lo posible, dentro de las normas de Dios y la buena ética, para vivir en paz con los demás. Puede ser difícil a veces, pero siempre es mejor tomar el camino correcto, ser la persona más grande y mostrar amor frente a la adversidad.

Padre amado, ayúdame a hacer todo lo que esté en mi mano
para vivir en paz con los demás. Amén.

UNA VIDA DE FE

*Por la fe Noé tomó en serio la advertencia sobre algo
que aún no se veía, y construyó un arca para salvar
a su familia. Por su fe puso en evidencia al mundo y logró
heredar la salvación que se obtiene por medio de la fe.*

HEBREOS 11.7 BLPH

La fe en Dios a veces requiere que nos enfrentemos al mundo.
Otros se reirán de nosotros y nos llamarán tontos. Dirán que
estamos anticuados, o que nos estamos perdiendo mucho.
Nos animarán a hacer lo que nos hace sentir bien, en lugar
de lo que *es* correcto.

Una vida de fe requiere prever, esperar. Requiere una
creencia en la bondad de Dios que es aún más fuerte que la
creencia en el aquí y ahora. Noé sabía que Dios le amaba y
que debía tener sus razones para decirle que construyera un
arca. Confió en Dios y obedeció. Gracias a que su fe estaba
respaldada por la obediencia, incluso cuando otros lo llamaron
loco, Noé y su familia se salvaron.

*Padre amado, confío en ti y creo en tu bondad. Ayúdame a
actuar con fe, incluso cuando los demás no lo entiendan. Amén.*

DESEOS Y NECESIDADES

En casa del sabio hay riquezas y perfumes,
pero el necio gasta todo lo que tiene.
PROVERBIOS 21.20 DHH

Los necios esperan con ansias el día de pago para poder gastar ese dinero en lo que quieran. Una semana después del día de pago, no tienen nada que demuestre su duro trabajo. Estas personas siempre parecen pasársela bien, pero nunca tienen nada reservado para emergencias o compras importantes.

Una de las lecciones más difíciles de aprender es la diferencia entre nuestros deseos y nuestras necesidades. Cuando aprendemos a prescindir de muchos de nuestros deseos, a menudo descubrimos que tenemos más que suficiente para satisfacer nuestras necesidades. Cuando ahorramos nuestro dinero, descubrimos que podemos afrontar emergencias o hacer grandes compras con facilidad. La persona sabia ha aprendido a ahorrar dinero para compras ocasionales más costosas y para catástrofes inesperadas, en lugar de gastar cada céntimo en placeres inmediatos.

Padre amado, ayúdame a ser prudente con mi dinero. Enséñame
la diferencia entre mis deseos y mis necesidades, y ayúdame
a desarrollar la autodisciplina para ahorrar dinero
en lugar de gastarlo todo. Amén.

PALABRAS DE BENDICIÓN

*Eviten toda conversación obscena. Por el contrario, que sus
palabras contribuyan a la necesaria edificación
y sean de bendición para quienes escuchan.*

EFESIOS 4.29 NVI

Algunos sinónimos de «obscena» son «grosera» o «de mal
gusto». La Biblia advierte contra tales conversaciones, pero
nuestra sociedad parece fomentarlas. Ya sea mediante lenguaje sucio, chismes o discusiones lascivas, las conversaciones
groseras están en todas partes.

Hablar así nunca traerá la vida agradable y llena de paz
que anhelamos. Cuando usamos un lenguaje sucio, creamos
un ambiente que nos sigue como una nube negra. Cuando
chismorreamos, enviamos el mensaje de que no se puede
confiar en nosotros, ya que quienes murmuran de una persona suelen hacerlo de cualquier otra. Cuando participamos
en conversaciones sucias, nos faltamos al respeto a nosotros
mismos y a los demás.

Dios quiere que nuestras palabras sean positivas y alentadoras, que de nuestra boca salgan bendiciones, no maldiciones.
Cuando vivimos con palabras de afirmación y aliento, atraemos
a otros, y hallamos más gozo y paz en nuestras relaciones.

---

*Padre amado, ayúdame a cuidar mi lengua y a decir solo
palabras agradables y edificantes. Amén.*

UNA LLAMADA A LA ACCIÓN

Humillaos, pues, bajo la poderosa mano de Dios, para que
él os exalte cuando fuere tiempo; echando toda vuestra ansiedad
sobre él, porque él tiene cuidado de vosotros.

1 PEDRO 5.6–7 NVI

Cuando nos sentimos deprimidas, solo queremos encogernos como una bola y dejar que la vida haga lo que quiera. Pero superar la depresión requiere batalla. Requiere que actuemos.

En primer lugar, debemos ser humildes. Debemos reconocer que, aunque las cosas no sean exactamente como queremos, no es el fin del mundo. Un día, Dios recompensará nuestra fidelidad y nos levantará. Ser humildes requiere una decisión por nuestra parte de aceptar que la vida no es perfecta, que Dios no se ajusta a nuestra línea de tiempo, y que eso está bien.

Después, debemos echar nuestras ansiedades sobre él. Echar no es lo mismo que dejar caer o poner. Echar significa usar toda nuestra fuerza y lanzar nuestras preocupaciones en su dirección. Cuando arrojamos nuestras preocupaciones hacia el Todopoderoso, él las tomará. Él las quitará de nuestros hombros y las cargará.

Padre amado, con todas mis fuerzas, deposito en ti
mis preocupaciones. Gracias por quitármelas. Amén.

VENCEDORES

Ya que los hijos de Dios están equipados para vencer al mundo.
Nuestra fe, en efecto, es la que vence al mundo.

1 JUAN 5.4 BLPH

La mayoría de los entrenadores quieren estar a cargo del equipo ganador. Satanás no es diferente: quiere ganar. Pero mientras la mayoría de los entrenadores quieren que cada uno de sus jugadores se *sienta* ganador, Satanás es lo contrario. Satanás quiere que la gente bajo su poder se sienta perdedora. Quiere que estemos desanimados y derrotados.

Dios, en cambio, quiere que todos y cada uno de sus hijos sean vencedores. Quiere que seamos vencedores en esta vida. Él sabe que estamos compitiendo como equipo y como individuos, y anhela que cada uno de nosotros camine cada día como vencedores. Él nos ha dado todo lo que necesitamos para tener éxito en todos los aspectos importantes, y el ingrediente principal de ese éxito es nuestra fe. Cuando confiamos en él, creyendo firmemente que estamos en el equipo ganador, nos convertimos en vencedores.

Padre amado, gracias por hacerme vencedora.
Mi fe está en ti, y en nadie más. Amén.

LA HERENCIA DEL SEÑOR

Conscientes de que el Señor los recompensará con la herencia.
Ustedes sirven a Cristo el Señor.

COLOSENSES 3.24 NVI

Es difícil trabajar para un jefe que no nos aprecia. El aprecio humano básico es, en cierto modo, incluso más importante que un sueldo. Cuando trabajamos duro y damos lo mejor de nosotros mismos y nadie parece darse cuenta, eso puede hundir nuestro ánimo y hacer que queramos rendirnos.

Pero servimos a un Maestro que nos adora. Nunca debemos olvidar que, independientemente de lo que digan o hagan los humanos, Dios ve y aprecia nuestro trabajo. Es a él a quien servimos, y él tiene una gran recompensa, una impresionante herencia, esperándonos. Cuando nos sentimos infravalorados y explotados, debemos recordar para quién estamos trabajando realmente. Él ve, él sabe y él se preocupa.

Padre amado, gracias por la herencia que me has prometido.
Tú sabes que es desagradable sentirse poco apreciada. Por favor,
pon a mi alrededor personas que aprecien mis aportaciones.
Amén.

ORACIÓN DE FE

La oración hecha con fe sanará al enfermo; el Señor lo
restablecerá y le serán perdonados los pecados que haya
cometido. Reconózcanse, pues, mutuamente sus pecados y oren
unos por otros. Así sanarán, ya que es muy poderosa la oración
perseverante del justo.

SANTIAGO 5.15–16 BLPH

Dios quiere que nos centremos en nuestra salud espiritual,
incluso más que en nuestra salud física. Eso es difícil de hacer
cuando estamos sufriendo, o cuando enfrentamos la posibilidad de una gran pérdida. Pero aunque sea difícil de ver,
la verdad es que el pecado hace mucho más daño a nuestras
vidas que cualquier dolencia física.

Dios quiere que confesemos nuestros pecados y nos ale-
jemos de ellos. Quiere que le confiemos nuestras necesidades
físicas. Cuando hacemos estas cosas, Dios nos salva. Él sana
nuestros espíritus. Y a menudo, él nos sanará físicamente
también.

Padre amado, sé que soy pecadora. Por favor, perdona
mis pecados y ayúdame a alejarme de todo lo que te ofende.
Te confío mi vida. Amén.

PAZ DURADERA

*La paz os dejo, mi paz os doy; yo no os la doy como el mundo
la da. No se turbe vuestro corazón, ni tenga miedo.*

JUAN 14.27 RVR1960

Este mundo tiene unos regalos impresionantes que ofrecer.
Con suficiente dinero, podemos comprar casi cualquier cosa...
incluso la paz. O, al menos, una versión brillante y costosa de
la paz en forma de un crucero de siete días o unas vacaciones
en un balneario con todo incluido. Pero ese tipo de paz es
temporal. Siempre tenemos que volver al mundo real y a sus
verdaderos problemas.

Dios da el tipo de paz que dura y perdura. Podemos llevarla
a cualquier parte, acceder a ella en cualquier momento. No
tenemos que soñar con ella como si fuera un paquete vacacio-
nal elusivo y lejano. Está aquí y ahora. ¿Y lo mejor de todo?
El regalo de la paz de Dios es gratuito. Todo lo que tenemos
que hacer es confiar en él.

---

*Padre amado, gracias por tu don de la paz. Recuérdame
que tu paz está ahí, libre para ser tomada,
en cuanto yo decida aceptarla. Amén.*

MAL COMPORTAMIENTO

Al que descuida su casa, nada le queda;
el necio siempre será esclavo del sabio.

PROVERBIOS 11.29 DHH

El mal comportamiento es una falta de respeto para la gente que nos rodea, especialmente para las personas de nuestras familias que tienen que lidiar con las consecuencias de nuestras acciones. Cuando tomamos decisiones que dañan nuestra reputación y disminuyen nuestra capacidad de tener un buen nombre en nuestra comunidad, perjudicamos a nuestras familias. Las avergonzamos. Cuando nos comportamos mal, estropeamos nuestras relaciones importantes, normalmente durante bastante tiempo.

Cuando las familias viven en armonía unas con otras, ocurren cosas buenas. Las relaciones son sanas y fuertes, y el amor abunda. Debemos recordar que, estemos donde estemos y hagamos lo que hagamos, nuestras acciones afectan a los que más nos quieren. Cuando elegimos vivir vidas justas y rectas, traemos honor y bendición a nuestras familias, nuestras relaciones y a nosotros mismos.

Padre amado, perdóname por las malas decisiones que he
tomado y que han afectado a las personas que más quiero.
Ayúdame a honrarlas —y a ti— con mis decisiones. Amén.

PAGAR CON BONDAD

Pórtense en todo con los demás como quieren que los demás
se porten con ustedes. ¡En esto consisten la ley de Moisés
y las enseñanzas de los profetas!

MATEO 7.12 BLPH

Nuestra cultura parece fomentar una actitud de reivindicación de derechos. Con demasiada frecuencia, sentimos que los demás nos deben algo, pero pensamos que nosotros no les debemos nada. Pero Cristo nos anima a pensar en lo que queremos para nosotros mismos, y luego hacer eso por los demás. Esto es contrario a nuestra naturaleza, pero conduce a una vida mucho más satisfactoria y plena.

Cuando nos sentimos frustrados porque los demás no nos tratan como queremos que nos traten, debemos desafiarnos a convertirlo en un juego. ¿Cómo podemos tratar a la otra persona de la manera en que nos gustaría ser tratados? A menudo, este tipo de actitud de entrega hace que los demás suavicen su propia actitud y provoca las acciones amables que deseamos para nosotros. Incluso si eso no ocurre, experimentaremos mucha más paz y alegría en nuestras vidas si pagamos con amabilidad a los demás.

Padre amado, ayúdame a tratar a los demás como quiero
que me traten, incluso cuando sea difícil. Amén.

CUANDO ÉL ESTÉ LISTO

El aumento de Su soberanía y de la paz no tendrán fin.
Sobre el trono de David y sobre su reino, para afianzarlo
y sostenerlo con el derecho y la justicia. Desde entonces
y para siempre. El celo del Señor de los ejércitos hará esto.

ISAÍAS 9.7 NBLA

Cuando leemos esta promesa, hecha hace tanto tiempo por Dios a través del profeta Isaías, nos sentimos emocionados y a la vez consternados. *Hasta cuándo* puede ser la primera cuestión que nos viene a la mente. *¿Cuándo, Señor? ¿Cuándo llegará este gobierno de paz? ¿Cuándo reinarás aquí como lo haces en el cielo?*

La respuesta a esto es simple. Él vendrá cuando esté listo, y todavía no lo está. Mientras tanto, esperamos. Preparamos nuestros corazones. Y hacemos su labor, que es compartir el mensaje de su amor con todos los que conocemos. Un día, cuando sea el momento adecuado, él vendrá.

Padre amado, por favor, date prisa. Te necesitamos. Mientras
tanto, mantenme ocupada trabajando para ti. Amén.

GRACIA SUFICIENTE

*Y Él me ha dicho: «Te basta Mi gracia, pues Mi poder se
perfecciona en la debilidad». Por tanto, con muchísimo gusto
me gloriaré más bien en mis debilidades, para que el poder de
Cristo more en mí. Por eso me complazco en las debilidades, en
insultos, en privaciones, en persecuciones y en angustias por
amor a Cristo, porque cuando soy débil, entonces soy fuerte.*

2 Corintios 12.9–10 NBLA

La mayoría considera que la ansiedad es una debilidad. Pero, si
somos débiles, ¡alabado sea Dios! Esa debilidad simplemente
proporciona una oportunidad para que Dios actúe en nuestro
favor. Cuando acudimos a nuestro Padre y admitimos nuestra
debilidad, cuando le entregamos nuestra ansiedad, él se hace
cargo. Nos llena de su fuerza y actúa en nuestro beneficio.

No tenemos que ser lo suficientemente fuertes. Él es más
que capaz de manejar cualquier problema, cualquier miedo
que enfrentemos. Cuando tenemos miedo, podemos dejar de
lado esos temores, respirar hondo y ver cómo él actúa.

---

*Padre amado, sé que cuando soy débil tú muestras tu poder.
Gracias por encargarte de mis temores. Amén.*

NUNCA OLVIDADO

Haré que se cierre tu herida, curaré todas tus llagas —oráculo del Señor—. Te llamaban Repudiada, Sión, a quien nadie busca.

JEREMÍAS 30.17 BLPH

Es muy fácil olvidarse de los enfermos entre nosotros. La mayoría tenemos buenas intenciones, pero la vida se interpone y, antes de darnos cuenta, nuestras buenas intenciones se han quedado cortas. A veces, cuando estamos enfermos y nos sentimos abandonados, puede parecer que Dios se ha olvidado de nosotros.

Pero, a diferencia de los seres humanos, que son defectuosos y olvidadizos, Dios siempre ve. Él siempre sabe. Nunca nos olvidará. No solo se acuerda de nosotros con gran interés, sino que su compasión no tiene fin. Él dice: *«Te devolveré la salud»*, lo que significa que te dará cosas buenas. También promete: *«Sanaré tus heridas»*, lo que significa que te quitará las cosas malas. Cuando la vida es dura y solitaria, y nuestra salud nos hace sentir como personas desechadas, debemos recordar que Dios se preocupa intensamente por sus hijos. No se ha olvidado de nosotros.

*Padre amado, por favor, restablece mi salud
y permíteme sentir tu presencia. Amén.*

SIGUE RESPIRANDO

Entre todos los vivos hay esperanza.
ECLESIASTÉS 9.4 NVI

Esperanza es una palabra muy bella. Es la seguridad de las cosas buenas que vendrán. El autor de Eclesiastés quería asegurarse de que conociéramos la importancia de esa palabra. Mientras tengamos aliento, podemos saber que nos esperan cosas buenas.

Dios se llama a sí mismo Dios de esperanza. Cuando lo hacemos nuestro Dios y nos mantenemos cerca de él, no hay fin para la bondad que recibiremos. Él nos ama, y quiere derramar sus bendiciones sobre los que se aferran a él. Incluso cuando las cosas parecen oscuras, podemos saber, sin duda, que la luz está seguramente a la vuelta de la siguiente esquina. Cada paso que damos nos acerca al hermoso cumplimiento de las promesas de paz y alegría, misericordia y gracia de Dios.

No importa lo dura que pueda parecer la vida en este momento, sigue respirando. Cada vez que llenas tus pulmones de oxígeno, puedes llenar tu espíritu con el conocimiento de que las cosas buenas están en camino.

Padre amado, gracias por la promesa de cosas buenas por venir. Ayúdame a comprender esa esperanza. Amén.

EL BUEN JUEZ

Había una vez en cierta ciudad un juez que no temía a Dios ni respetaba a persona alguna. Vivía también en la misma ciudad una viuda, que acudió al juez, rogándole: «Hazme justicia frente a mi adversario». Durante mucho tiempo, el juez no quiso hacerle caso, pero al fin pensó: «Aunque no temo a Dios ni tengo respeto a nadie, voy a hacer justicia a esta viuda para evitar que me siga importunando. Así me dejará en paz de una vez».

LUCAS 18.2–5 BLPH

Qué gran historia, y un gran recordatorio de lo que pueden hacer las oraciones persistentes y llenas de fe. En verdad, si un juez impío emite un buen veredicto solo para callar a alguien, ¿cuánto más nuestro Padre que es todo amor, todo compasión y todo misericordia se encargará de la injusticia en nuestras vidas?

Dios quiere nuestra fe. Quiere que confiemos en su bondad y creamos en su misericordia. Cuando oramos, creyendo que él nos dará exactamente lo que necesitamos, él no apartará su rostro. Él responderá, siempre.

Padre amado, gracias por ver la injusticia en mi vida. Confío en ti para que te ocupes de todas mis necesidades. Amén.

SOBRE EL DAR

Den a otros, y Dios les dará a ustedes. Les dará en su bolsa
una medida buena, apretada, sacudida y repleta.
Con la misma medida con que ustedes den a otros,
Dios les devolverá a ustedes.

LUCAS 6.38 DHH

El principio bíblico de dar se aplica a algo más que al dinero.
Cuando tenemos un déficit en nuestras vidas, a menudo
podemos rastrearlo hasta un déficit en nuestro propio dar.
Si tenemos problemas en una relación, en lugar de culpar al
otro, podemos examinar nuestras propias acciones. ¿Hay
alguna manera de dar más a la relación? ¿Podemos ser más
cariñosos y amables? ¿Cómo podemos poner las necesidades
de la otra persona por delante de las nuestras?

Si estamos teniendo luchas en un trabajo, podemos preguntarnos si estamos dando el tiempo y el compromiso que
se requiere, o estamos entregando lo mínimo para cobrar un
cheque. Cuando damos generosamente, ya sea dinero, tiempo
o compasión, nuestras ofrendas se multiplican y regresan a
nosotros.

Padre amado, enséñame a ser una persona generosa como tú.
Amén.

DILIGENCIA

El de manos diligentes gobernará;
pero el perezoso será subyugado.

Proverbios 12.24 NVI

Según un diccionario de términos modernos, la frase *like a boss*, como un jefe, significa hacer algo como lo haría un jefe. Se refiere a alguien que toma el mando y muestra extrema competencia en un área. Dios quiere que hagamos nuestro trabajo «como un jefe». Cuando trabajamos duro, con diligencia y competencia, la gente lo nota, y a menudo seremos promovidos en nuestro empleo. Según este versículo, cuando nos comprometemos con un trabajo bien hecho, es muy posible que terminemos gobernando, o siendo el jefe.

Pero cuando escatimamos, cuando llegamos tarde y nos marchamos antes de tiempo, cuando nos tomamos descansos más largos de lo permitido, nos buscamos problemas. A menudo acabamos teniendo que trabajar más, por menos dinero, que si simplemente nos esforzamos al máximo desde el principio. La pereza nunca produce la felicidad y la plenitud que todos deseamos.

Padre amado, enséñame a trabajar duro y a ser diligente.
Quiero complacerte y quiero tener éxito en mi trabajo. Amén.

NUNCA SOLOS

Es mejor refugiarse en el Señor
Que confiar en el hombre.
Salmos 118.8 nbla

Las amigas son una bendición y un regalo de Dios. Si encontramos una amiga en quien podemos confiar de verdad, somos doblemente bendecidas. Pero incluso la amiga más sincera, leal y digna de confianza nos decepcionará a veces. Todos somos humanos y, tarde o temprano, todos vamos a fallar.

En Dios, tenemos un amigo como ningún otro. Él nunca nos dejará, ni nos abandonará, ni nos fallará. Podemos contarle nuestros secretos más profundos y vergonzosos y saber que nunca utilizará esa información contra nosotros. Nos ama con un amor perfecto y una compasión inagotable.

Cuando nos sentimos solas, podemos pedir a Dios que nos envíe amistades terrenales. Pero también podemos saber que, por muy solas que nos sintamos, no tenemos por qué estar así. Tenemos un amigo, y podemos confiar en él.

Padre amado, gracias por recordarme que siempre
puedo confiar en ti, y que nunca estoy sola. Amén.

QUIÉN ERES

Por eso les digo, no se preocupen por su vida, qué comerán o qué beberán; ni por su cuerpo, qué vestirán. ¿No es la vida más que el alimento y el cuerpo más que la ropa? Miren las aves del cielo, que no siembran, ni siegan, ni recogen en graneros, y sin embargo, el Padre celestial las alimenta. ¿No son ustedes de mucho más valor que ellas?

MATEO 6.25–26 NBLA

Dios debe sacudir la cabeza ante nuestras ansiedades y preguntarse: «*¿Cuándo aprenderán?*». Él cuida con mucho amor de nosotros, y sin embargo seguimos preocupándonos por las cosas. Aunque no siempre consigamos todo lo que queremos, Dios siempre se asegurará de que sus hijos tengan lo que necesitan para pasar por esta vida, y para parecerse más a él.

Él cuida de toda su creación, desde los pájaros hasta los peces y las plantas. Pero nosotros somos algo más que su creación. Somos sus hijos. Cuando nos sentimos preocupados, podemos recordar quiénes somos y cuánto nos ama.

Padre amado, gracias por cuidar de mí. Amén.

LA BUENA BATALLA

Pelea la buena batalla de la fe; no dejes escapar la vida eterna,
pues para eso te llamó Dios y por eso hiciste una buena
declaración de tu fe delante de muchos testigos.

1 TIMOTEO 6.12 DHH

Lo único que debemos combatir, dentro de nuestras familias
o en otros lugares, es la buena batalla de la fe. Debemos seguir
adelante, luchando contra el pecado y el mal y la oscuridad,
luchando por lo que es bueno y santo y correcto. Debemos
luchar por el amor, la paz, la pureza, la bondad y la compasión.

Satanás quiere desviar nuestra atención de la buena
lucha haciendo que nos enzarcemos por desacuerdos insignificantes. Cuando nos peleamos por lo que vamos a cenar,
por el programa de televisión que vamos a ver, o por quién
dijo qué con ese tono de voz, perdemos el enfoque de lo que
es importante. Debemos ser conscientes de estas pequeñas
distracciones. Cuando respondemos al conflicto con gentileza,
amabilidad y amor, hacemos grandes avances para la buena
batalla de la fe, que conduce a una vida victoriosa.

Padre amado, ayúdame a librar la buena batalla. Evita que me
distraiga con conflictos insignificantes. Amén.

SIN JUZGAR

No juzguen a nadie, para que Dios no los juzgue a ustedes.
MATEO 7.1 BLPH

Una y otra vez en la Palabra de Dios, se nos advierte que no debemos juzgar a los demás. Dios es el único que tiene ese privilegio. Después de todo, Dios es el único que realmente conoce el corazón de una persona. Él es el único que conoce el alcance de las circunstancias de una persona.

Cuando juzgamos a otra persona, solo vemos una parte de la historia. No sabemos qué ha llevado a una persona al lugar en el que se encuentra ahora. No sabemos qué heridas profundas puede tener, o el nivel de desesperación que puede llevarle a actuar de forma inapropiada.

Dios es claro en su Palabra sobre su trabajo y nuestro trabajo. Nuestro trabajo es amar a los demás. Punto. Su trabajo es juzgar. Cuando juzgamos a otros, nos arrogamos el trabajo de Dios. Si queremos que Dios muestre misericordia y compasión cuando nos juzga, no debemos tratar de quitarle su trabajo. Estamos mucho mejor cuando nos limitamos a hacer bien el nuestro: amar a los demás sin juzgarlos.

Padre amado, perdóname por juzgar a los demás e intentar hacer tu trabajo. Ayúdame a amar, no a juzgar. Amén.

¡VICTORIA!

Yo les he dicho estas cosas para que en mí hallen paz.
En este mundo afrontarán aflicciones, pero ¡anímense!
Yo he vencido al mundo.

JUAN 16.33 NVI

Las dificultades son un hecho de la vida. Dios nos dio libre elección. Puesto que no es un dictador, no nos obliga a actuar como él quiere que actuemos. El libre albedrío significa que algunos tomarán malas decisiones, y esas malas decisiones causan el pecado. El pecado nos afecta, y afecta a los que nos rodean. Debido al pecado, todos tenemos que lidiar con problemas.

Pero podemos tener paz al enfrentarnos a cada una de nuestras dificultades. Cuando confiamos en Cristo para recibir nuestra fuerza, podemos saber que estamos en el equipo ganador. La batalla puede ser dura, pero él ya ha vencido. Podemos relajarnos sabiendo que él ya ha derrotado cada dificultad que enfrentamos. Somos ganadores. Somos vencedores. Somos victoriosos.

Padre amado, gracias por Cristo. Gracias porque en ti
puedo ser victoriosa. Amén.

EL DIOS DE LA ESPERANZA

*Que el Dios de la esperanza llene de alegría y paz la fe
que ustedes tienen, para que desborden de esperanza
sostenidos por la fuerza del Espíritu.*

ROMANOS 15.13 BLPH

A menudo necesitamos que nos recuerden la definición de esperanza. Es la creencia de que vendrán cosas buenas, pase lo que pase. La esperanza es lo contrario del miedo, que es la creencia de que vendrán cosas malas.

Dios es el Dios de la esperanza. Solo él es bueno y, cuando nos mantenemos cerca de él, esa bondad se derrama en nuestras vidas. Aunque no todo parezca bueno en el momento, la presencia de Dios en nuestras vidas nos llenará de alegría, paz y esperanza. Nuestra fe es simplemente la creencia inquebrantable en la bondad de Dios. Cuando sintamos que nuestra fe disminuye, podemos recordar cómo Dios nos ha mostrado su carácter y a otros antes que nosotros, a lo largo del tiempo. El amor de Dios por nosotros nunca cambia. En él, podemos tener una esperanza segura.

*Padre amado, gracias por tu constante bondad. Por favor,
lléname de alegría, paz y esperanza. Amén.*

TIEMPO, TALENTO Y TESORO

Honra al SEÑOR con tus riquezas y con los primeros frutos
de tus cosechas; así se llenarán a reventar tus graneros
y tus depósitos de vino.

PROVERBIOS 3.9–10 DHH

Este versículo no es una promesa de riqueza. Es un principio. El libro de Proverbios está lleno de buenos principios para cada aspecto de nuestras vidas. Cuando ponemos a Dios en primer lugar en nuestras vidas, cuando lo honramos con lo mejor de nosotros en lugar de darle lo que nos sobra, él cuida de nosotros. Cuando le damos a Dios lo primero de nuestro tiempo, nuestro talento y nuestros tesoros, tendemos a mirar todo lo que tenemos de manera diferente.

Darle a Dios nos hace sentir bien. Cambia algo dentro de nosotros y crea un sutil cambio en nuestros valores. Nos damos cuenta de que salir a comer o comprar ese café de cinco dólares cada día no nos da la satisfacción que nos da la generosidad. Puede que dar a Dios no nos ponga en la lista de «Fortune 500», pero nos dará algo mucho mejor: una cercanía con Dios que no se puede comparar con nada.

Padre amado, enséñame a ser generosa. Amén.

OBTENCIÓN DE BENEFICIOS

Todo esfuerzo tiene su recompensa,
pero quedarse solo en palabras lleva a la pobreza.

PROVERBIOS 14.23 NVI

Hay un dicho que dice: «Hay que gastar dinero para ganar dinero». Algunos no tenemos dinero para gastar, pero todos tenemos algo que es aún más valioso que el dinero: el tiempo. Tenemos la capacidad de trabajar duro por lo que queremos. Cuando dedicamos el tiempo con trabajo duro y diligencia, veremos un beneficio.

Con demasiada frecuencia, queremos sentarnos a hablar de que no tenemos dinero para gastar, o de lo que haríamos si lo tuviéramos. Soñamos con lo que «podríamos» hacer algún día si tuviéramos la oportunidad. El autor de este proverbio nos anima a dejar de hablar. Si hay algo que queremos hacer, debemos hacerlo. Debemos trabajar duro en ello. Hablar no cuesta nada; solo el tiempo y el trabajo duro nos llevarán al éxito.

Padre amado, ayúdame a dejar de hablar y de soñar, y a ponerme a hacer de verdad. Estoy dispuesta a trabajar duro para que mis sueños se hagan realidad, y te confío todas las cosas que no puedo hacer. Amén.

GOZO EN CADA MOMENTO

Los fariseos, por su parte, se reunieron, al salir,
y se confabularon para matar a Jesús. Jesús, al saberlo,
se fue de allí. Mucha gente lo seguía, y él curaba
a todos los que estaban enfermos.

MATEO 12.14–15 BLPH

Jesús estaba pasando por uno de los momentos más difíciles de su vida. Sus circunstancias eran injustas. Había pasado su vida amando a Dios y sirviendo a los demás, y ahora los fariseos conspiraban para matarlo. Cuando se enfrentó a este hecho, se retiró para pasar tiempo con Dios, y se derramó por los demás.

Cuando una enfermedad conspira para destruirnos y amenaza con quitarnos la vida, podemos responder como Jesús. Retirarnos para estar con Dios, y servir a los demás. Cuando nos dejamos caer en los brazos de Dios, nuestro Padre celestial nos abrazará —incluso nos consumirá— con un amor que supera la comprensión. Cuando derramamos nuestras vidas en el servicio a los demás —incluso hasta nuestro último aliento— nos olvidamos de nosotros mismos, de nuestras dificultades y de nuestro dolor, y encontramos la alegría en cada momento.

Padre amado, te amo. Quiero volcarme en ti y en los demás.
Muéstrame cómo. Amén.

EL SÉPTIMO DÍA

Dios bendijo el séptimo día, y lo santificó,
porque en ese día descansó de toda su obra creadora.

GÉNESIS 2.3 NVI

A todos nos gusta descansar. A menudo pasamos nuestra semana de trabajo soñando y planeando lo que haremos en nuestro día de descanso, y cuando ese día llega es algo glorioso. Pero este versículo no solo se refiere al día de descanso. Se refiere a lo que ocurre en los otros seis días: el trabajo duro.

Cuando no trabajamos duro, nuestro descanso no es tan satisfactorio. Cuando no trabajamos duro, la recompensa parece superficial. Dios descansó porque había *terminado*. Su obra estaba *cumplida*. Estaba *satisfecho* con un trabajo bien hecho. Ya que estamos hechos a su imagen, él quiere que conozcamos la misma satisfacción y plenitud que viene de estar cansado después de una semana de trabajo exitosa y diligente.

Cuando trabajamos con toda nuestra energía y compromiso, Dios bendice nuestros esfuerzos. Él nos da descanso, y ese tipo de descanso trae satisfacción, gratificación y verdadero placer.

Padre amado, enséñame lo que significa trabajar duro. Amén.

DAR LO MEJOR DE NOSOTROS

*Cada uno presentará su ofrenda conforme a la bendición
que Jehová, tu Dios, te haya dado.*

DEUTERONOMIO 16.17 RVR1995

Dios no necesita nuestro dinero. Él creó el mundo y lo controla
todo. Lo que él anhela, lo que más desea, es nuestro corazón.
Cuando le damos nuestras sobras a Dios, él se siente herido,
de la misma manera que nos sentiríamos heridos si nuestra
pareja se olvidara de nuestro cumpleaños y solo nos trajera
una tarjeta comprada a toda prisa en la tienda de la esquina.
Si esa tarjeta fuera cuidadosamente elegida, y la pareja se
sacrificara para conseguirla, nos sentiríamos amadas. Si fuera
una ocurrencia tardía, nos sentiríamos despreciadas.

Cuando damos lo primero y lo mejor a Dios, le estamos
enviando un mensaje de que le amamos, de que él es lo más
importante en nuestras vidas y de que estamos agradecidos
por su presencia. El tamaño del regalo no importa tanto como
el sentimiento que hay detrás de él.

---

*Padre amado, quiero darte todo lo que pueda. Enséñame
a darte lo mejor de mí, no las sobras. Amén.*

PODER CONFIABLE

El que hace la luz y crea la tiniebla,
el que opera la paz y crea la desgracia.
Yo, el Señor, hago todo esto.

ISAÍAS 45.7 BLPH

A menudo es tan fácil centrarse en la bondad de Dios que nos olvidamos de su poder. Pero es el poder de Dios el que nos librará de todo lo malo en nuestras vidas. Es su poder el que nos llevará a través de las olas y nos verá a través de las tormentas. Es su poder el que nos rescatará de todas y cada una de las calamidades.

A veces, Dios provoca cosas en nuestra vida solo para ver si corremos hacia él o nos alejamos de él. Al igual que cualquier buen maestro pone a prueba a un estudiante para ver en qué punto se encuentra, Dios ofrece pruebas de nuestra fe. Quiere ver si hemos aprendido a confiar en él o no.

La respuesta correcta, no importa cuál sea nuestra circunstancia, es confiar en Dios. Confiar en su bondad. Confiar en su poder. Y saber que él siempre sacará el bien del mal para aquellos que se aferran a él.

Padre amado, gracias por tu poder. Confío en ti. Amén.

LA PROTECCIÓN DE DIOS

Toda palabra de Dios es digna de crédito;
Dios protege a los que en él buscan refugio.

PROVERBIOS 30.5 NVI

Un escudo es una pieza de armadura destinada a la defensa.
Cuando un guerrero tiene su escudo puesto, le protege de las
heridas del enemigo. Pero un escudo es pesado, engorroso y
difícil de llevar. Si un soldado deja caer su escudo, se pone en
peligro de ser gravemente herido o de morir. Por muy cansado
que esté el soldado, es imperativo que mantenga su escudo
firmemente en su sitio.

Confiar en Dios es la clave para recibir tu protección.
Todos queremos que Dios nos mantenga seguros y felices,
pero la confianza puede ser difícil. Cuando no confiamos en
Dios, dejamos caer nuestros escudos y nos ponemos en peligro. Si queremos la protección de Dios contra las heridas del
enemigo, debemos mantenernos firmes en nuestra decisión
de confiar en Dios.

Padre amado, la confianza, como un escudo, puede ser pesada
y difícil. A veces es tentador confiar en mí misma o en otra cosa,
pero sé que eso es como dejar caer mi escudo. Ayúdame a confiar
en ti, incluso cuando sea difícil. Amén.

COMPASIÓN

Al desembarcar Jesús y ver toda aquella multitud, se
compadeció de ellos y curó a los enfermos.

MATEO 14.14 BLPH

Dondequiera que iba Jesús, las multitudes lo seguían. Él solo quería un poco de tiempo para sí mismo, tiempo a solas con su Padre. Pero cuando regresó de su retiro, las multitudes seguían allí, esperando, desesperadas. Todos querían un poco de él.

Pero, en lugar de frustrarse, Jesús sintió compasión por ellos. Sanó a sus enfermos, porque sabía que era el único que podía hacerlo. De la misma manera, él siente compasión por nosotros. Cuando estamos enfermos, cuando estamos desesperados, su corazón se conmueve, y se mueve para acercarse a nosotros.

Cuando parezca que Jesús ha desaparecido, espera. Sé paciente. Volverás a sentir su presencia en tu vida, y cuando lo hagas, él derramará su amor, misericordia, compasión y sanidad.

Padre amado, a veces parece que has desaparecido. Ayúdame
a esperarte con paciencia, Padre. Estoy desesperada por tu
presencia, tu poder y tu sanidad. Amén.

DIOS TODOPODEROSO

*Por mí reinan los reyes y promulgan leyes justas
los gobernantes. Por mí gobiernan los príncipes
y todos los nobles que rigen la tierra.*

PROVERBIOS 8.15–16 NVI

Es fácil sentirse desanimado, o incluso devastado, cuando asciende al poder político alguien que creemos que no es adecuado para el trabajo. Sin embargo, la Palabra de Dios está llena de historias en las que Dios utiliza a los malos para llevar a cabo su propósito.

Mira a Jerjes. No era necesariamente un mal tipo, pero sin duda no era creyente. Pero Dios lo usó, y su amor por una cara bonita (Ester) para salvar a los israelitas. Dios utilizó a Jeroboam II, uno de los reyes más malvados de las Escrituras, para salvar a su pueblo. Utilizó a los celosos hermanos de José para catapultar a José a una posición en la que finalmente llegaría al poder y, sí, a salvar al pueblo de Dios.

Dios es todopoderoso y particularmente bueno. Es capaz de utilizar a las personas malas sin contaminarse con ese mal. No importa quién esté en el poder, podemos confiar en Dios. Él tiene todo bajo control.

*Padre amado, gracias por este recordatorio
de que tú tienes el control. Amén.*

COSAS PODEROSAS

Pues estoy convencido de que ni la muerte ni la vida,
ni los ángeles ni los demonios, ni lo presente ni lo por venir, ni
los poderes, ni lo alto ni lo profundo, ni cosa alguna
en toda la creación podrá apartarnos del amor que Dios
nos ha manifestado en Cristo Jesús nuestro Señor.

ROMANOS 8.38–39 NVI

El autor de Romanos tenía ciertamente un estilo poético. Pinta una imagen tan poderosa y visual del ardiente amor de Dios por cada uno de nosotros. No hay nada —*absolutamente nada*— que pueda separarnos del amor de Dios en Cristo Jesús.

Eso incluye las dificultades que podamos encontrar. El amor de Dios está ahí. Eso incluye los pecados que cometemos y los errores que cometemos. El amor de Dios no se mueve ni un ápice. No importa en qué situación nos encontremos, podemos saber que el amor de Dios está con nosotros. Nos rodea por todos lados. Cuando aceptamos a Cristo como nuestro Salvador, el trato está sellado. Él nunca, jamás, nos quitará su amor.

Eso es algo muy poderoso.

Padre amado, gracias por tu amor que nunca me dejará,
pase lo que pase. Amén.

GENTE DIFÍCIL

*El enfado del necio se percibe al instante,
el prudente disimula la afrenta.*

PROVERBIOS 12.16 BLPH

En lo que respecta al trato con personas difíciles, una de las cosas más sabias que podemos hacer es hacernos los tontos. O, como dice el autor de este versículo, ignorar el insulto. Fingir que no lo hemos oído o que no entendemos su intención.

Las personas difíciles prosperan con el conflicto. Si sus esfuerzos por fastidiarnos pasan desapercibidos, se frustrarán y seguirán adelante. Pero si saben que nos han hecho perder la paciencia, se sentirán exitosos y seguirán intentando hacerlo una y otra vez.

Cuando dejamos entrever que estamos irritados, en realidad nos causamos más dificultades a nosotros mismos. Por eso el escritor de este versículo dice que es una tontería hacer saber a los demás, de inmediato, que estamos molestos. Si somos sabios, mantendremos la boca cerrada y veremos cómo aquella persona difícil se aleja derrotada.

---

*Padre amado, ayúdame a saber cuándo debo ignorar un insulto,
y dame el autocontrol para hacerlo. Amén.*

SEMILLA DE MOSTAZA

Porque ustedes no tuvieron fe. Les aseguro que si tuvieran fe,
aunque solo fuera como un grano de mostaza, le dirían a este
monte: «¡Quítate de ahí y ponte allí!», y el monte cambiaría
de lugar. Nada les resultaría imposible.

MATEO 17.20 BLPH

¿Has visto alguna vez una semilla de mostaza? Es una de las semillas más pequeñas. La planta de mostaza, con su diminuto comienzo, echa raíces casi inmediatamente y acabará creciendo hasta convertirse en un arbusto de tres metros. Es demasiado grande para tenerlo en un jardín normal; hay que plantarlo en algún campo.

Nuestra fe es así. Podemos sentir que nuestra fe es pequeña y débil. Pero si se le da una oportunidad, echará raíces y se expandirá hasta convertirse en algo demasiado grande para ser contenido en nuestras propias almas. Crecerá tanto, de hecho, que deberemos salir de nuestros límites más cómodos. Si tenemos una mínima cantidad de fe, plantémosla. Dejemos que eche raíces. Observa y mira los milagros que surgen de esos humildes comienzos.

Padre amado, pongo mi pequeña cantidad de fe en ti.
Confío en ti para que eche raíces y crezca hasta convertirse
en algo fuerte y milagroso. Amén.

HONRAR A DIOS

¿Acaso no saben que su cuerpo es templo del Espíritu Santo,
quien está en ustedes y al que han recibido de parte de Dios?
Ustedes no son sus propios dueños; fueron comprados
por un precio. Por tanto, honren con su cuerpo a Dios.

1 CORINTIOS 6.19–20 NVI

¿Qué significa honrar a Dios con nuestro cuerpo? ¿Significa comer bien, hacer ejercicio y mantenernos tan sanos y saludables como podamos? Por supuesto que sí, pero también significa mucho más. Cuando honramos a Dios con nuestro cuerpo, tomamos la decisión consciente, cada día, de servirle con todo lo que tenemos.

Aunque nuestra mente puede ser olvidadiza, aunque podemos luchar con ciertas áreas de competencia, él todavía quiere que usemos esa mente para él. Y aunque nuestro cuerpo sea frágil y esté afligido, él sigue queriéndolo todo. Quiere que le honremos y le sirvamos con todo lo que tenemos, por imperfecto que sea. Dios, que es perfecto, será glorificado a través de nuestra voluntad de dárselo todo.

Padre amado, quiero honrarte con mi mente y mi cuerpo
imperfectos. Soy completamente tuya. Amén.

EL CAMINO RECTO

*Confía de todo corazón en el Señor y no en tu propia
inteligencia. Ten presente al Señor en todo lo que hagas,
y él te llevará por el camino recto.*

Proverbios 3.5–6 dhh

Las relaciones familiares pueden ser complicadas. La familiaridad a menudo genera desprecio, y las personas a las que se supone que amamos más pueden ser a veces las más difíciles de amar. Cuando nos sentimos perdidos, sin saber cómo se supone que debemos llevarnos bien con esas personas con las que nos relacionamos, podemos invocar a Dios. Apoyarnos en él.

Cuando confiamos en nuestra limitada comprensión humana, a menudo actuamos con orgullo, respondemos con ira y causamos más confusión. Pero cuando invocamos a Dios antes de reaccionar, él calmará nuestros espíritus y nos dará sabiduría. Él creará un camino recto para nosotros y nos mostrará cómo manejar cada situación de manera que nos lleve hacia la paz y la armonía.

*Padre amado, necesito ayuda a la hora de tratar
con mi familia. Dame sabiduría y paciencia, y haz
que mis caminos sean rectos. Amén.*

NATURALEZA HUMANA

... porque siguen siendo inmaduros. Pues mientras haya entre
ustedes envidias y rivalidades, ¿no es prueba de inmadurez y
de que no han superado el nivel puramente humano? En efecto,
cuando uno dice: «Yo pertenezco a Pablo», y otro: «Yo a Apolo»,
¿no están demostrando que son todavía demasiado humanos?

1 Corintios 3.3–4 blph

Es la naturaleza humana, en realidad, sentir envidia por lo que posee otra persona. También es de naturaleza humana competir con los demás y querer tener la razón. Pero Dios nos llama a despojarnos de nuestra naturaleza humana y asumir las características de Cristo.

¿Por qué importa quién gana más dinero, tiene una casa más bonita o tiene hijos mejor educados, siempre y cuando estemos haciendo lo mejor para honrar a Cristo? Dios nos ha llamado a cada uno de nosotros como embajadores para representar su causa, y nos ha colocado donde mejor nos puede utilizar. Cuando envidiamos el lugar que ocupa otro en la vida, nos aferramos a nuestra naturaleza humana, que solo nos frena en nuestro viaje celestial.

Padre amado, por favor recuérdame, diariamente,
que aunque nos bendigas a todos de manera diferente,
nos bendices a todos. Perdóname por sentirme celosa
y competitiva con los demás. Amén.

LA SABIDURÍA DE DIOS

Llámame y te responderé; te comunicaré cosas importantes
y recónditas, que no conoces.

JEREMÍAS 33.3 BLPH

Cuando las familias funcionan como se supone que deben hacerlo, acabamos preocupándonos enormemente por las personas con las que nos relacionamos: nuestros padres, pareja, hermanos e hijos. Cuanto más nos importan, más nos preocupamos por el futuro de nuestros seres queridos.

Podemos preocuparnos por nuestros hijos y por el camino que tomarán. Nos preocupamos por nuestros padres y sus problemas de salud. Nos preocupamos por lo desconocido que nos espera a todos. Pero cuando clamamos a Dios, él calma nuestros temores. Nos dará la seguridad de que todo estará bien, o de que él tiene las cosas bajo control. Su Espíritu Santo incluso nos revelará cosas que no podríamos haber sabido sin su ayuda.

Miles de personas de fe dan testimonio de visitas al doctor que no se habrían podido hacer sin la ayuda de Dios, o de llamadas telefónicas al azar que se convirtieron en acontecimientos que cambiaron la vida. Invoca a Dios. Confía en él. Él nos revelará las cosas que necesitamos saber, para nosotros y para nuestras familias.

Padre amado, clamo a ti. Dame sabiduría. Amén.

A IMAGEN DE DIOS

Porque no nos ha dado Dios espíritu de cobardía,
sino de poder, de amor y de dominio propio.

2 TIMOTEO 1.7 NBLA

Fuimos creados a imagen y semejanza de Dios. También tenemos una naturaleza pecaminosa. La parte de Dios en nosotros es fuerte, poderosa y amorosa. La timidez, o el miedo al juicio social, no viene de Dios. Es un resultado de nuestra naturaleza pecaminosa, y viene directamente de Satanás.

Hay una guerra por nuestras almas. Dios quiere que vivamos vidas exitosas y victoriosas llenas de paz, alegría y amor. Satanás quiere destruirnos de cualquier manera que pueda. Una de las herramientas favoritas de Satanás para destruir nuestra paz es la ansiedad. Él susurra dudas en nuestros espíritus, y nosotros escuchamos. Creemos las mentiras, y estas nos incapacitan.

Cuando la ansiedad se apodera de nosotros, podemos recordar que viene de Satanás. Escucha la voz de Dios: «*Eres fuerte, poderosa y más que capaz de manejar cualquier problema que se te presente. Eres una hija de Dios, hecha a su imagen*».

Padre amado, gracias por hacerme semejante a ti.
Ayúdame a reconocer la voz de Satanás y a ignorarla.
Soy tu hija, no la suya. Amén.

VA A MEJOR

*Queridos hermanos, no se extrañen del fuego de la prueba
que están soportando, como si fuera algo insólito. Al contrario,
alégrense de tener parte en los sufrimientos de Cristo,
para que también sea inmensa su alegría
cuando se revele la gloria de Cristo.*

1 PEDRO 4.12–13 NVI

Si vivimos para Cristo, parece que nuestra vida debería ser
fácil. Si bien es cierto que Dios bendice a quienes lo siguen,
nunca prometió que esta vida sería un campo de margaritas.
De hecho, él prometió que en esta vida tendremos muchos
problemas.

También prometió permanecer con nosotros en medio de
nuestros problemas. Prometió sostenernos y darnos fuerza.
Y prometió darnos sabiduría cuando se la pidamos.

Cristo, el Hijo de Dios, sufrió un inmenso dolor y persecución. Cuando pasamos por cosas difíciles, podemos alegrarnos
del parentesco que tenemos con Cristo. Y así como Cristo
venció al pecado y a la muerte y fue finalmente victorioso, nosotros también seremos vencedores. Aguanta. Todo mejorará.

*Padre amado, gracias por el recordatorio de que Cristo sufrió
mucho más que yo, y que todo va a mejor. Amén.*

LA RIQUEZA DEL ESPÍRITU

Un corto sueño, una breve siesta, un pequeño descanso, cruzado de brazos... ¡y te asaltará la pobreza como un bandido, y la escasez como un hombre armado!

PROVERBIOS 6.10–11 NVI

Mires donde mires, encontrarás oportunidades para unirte al próximo esquema de enriquecimiento rápido. Ya sea un anuncio para conectarse a una nueva plataforma de ventas piramidal, iniciar una nueva carrera o invertir en un tesoro de las profundidades marinas en las Bahamas, no faltan oportunidades para trabajar poco y cobrar mucho. Por desgracia, estos planes lucrativos rara vez prosperan.

La verdad es que Dios quiere que trabajemos duro por nuestro dinero. Él conoce las trampas tanto de la pereza como de la riqueza, y sabe que, a la larga, nuestro espíritu será más rico si tenemos que trabajar por nuestros lujos. Aunque tengamos dinero ahora, no lo conservaremos mucho tiempo si nos pasamos los días holgazaneando por ahí en un yate.

Dios está a favor de un merecido descanso de vez en cuando, pero la pereza conduce a la pobreza. Él quiere que sus hijos tengan la riqueza de espíritu que da el trabajo.

Padre amado, ayúdame a ser una trabajadora esforzada. Amén.

SÉ AUTÉNTICA CON DIOS

¡Ay, cuán desolada se encuentra la que fue ciudad populosa!
¡Tiene apariencia de viuda la que fue grande entre las naciones!
¡Hoy es esclava de las provincias
la que fue gran señora entre ellas!

LAMENTACIONES 1.1 NVI

En el libro de Lamentaciones, el autor, Jeremías, se lamenta. Llora amargamente por lo que se ha perdido. No dice: «Levanta la mirada y saca pecho». No pone cara de felicidad y sigue adelante.

En algún lugar de nuestras comodidades modernas, nuestra cultura ha perdido el arte del lamento. Preguntamos cómo están los demás, pero no esperamos que respondan con sinceridad. «Estoy bien, gracias. ¿Y tú?» es la respuesta esperada.

Pero podemos ser reales con Dios. Él lo espera. Lo exige. Cuando estamos dolidos, confundidos o enfadados, él quiere que se lo digamos. Él anhela la intimidad con nosotros, y la intimidad no es posible sin honestidad.

Dios conoce la gama de emociones humanas. Él mismo las ha sentido. Cuando estamos preocupados, podemos acudir a él con nuestro dolor. Él nos escuchará. Nos consolará. Comprenderá.

Padre amado, enséñame a lamentarme. Amén.

DAR CON SACRIFICIO

Veía también Jesús cómo los ricos echaban dinero en el arca
de las ofrendas. Vio a una viuda pobre, que echó dos monedas
de muy poco valor y dijo: —Les aseguro que esta viuda pobre ha
echado más que todos los demás. Porque todos los otros echaron
como ofrenda lo que les sobraba, mientras que ella, dentro
de su necesidad, ha echado todo lo que tenía para vivir.

LUCAS 21.1–4 BLPH

Aunque nosotros podemos alabar a las celebridades por dar
millones a esta o aquella causa, Dios no se impresiona. Él mira
los porcentajes. Esta viuda dio más que aquellos que dieron
cubos de oro de sus excedentes. Y Dios se dio cuenta.

Cuando el dinero es escaso y no sabemos cómo llegar a
fin de mes, quizá debamos preguntar a Dios qué quiere que
demos. Tal vez sea nuestro tiempo o nuestro talento. Tal
vez sea una cantidad de dinero que parece imposible en este
momento. Cuando damos con sacrificio, con motivos puros,
Dios queda impresionado, y bendecirá.

Padre amado, muéstrame lo que quieres que dé. Amén.

PONER EL FOCO EN EL OTRO

*Querido hermano, oro para que te vaya bien en todos
tus asuntos y goces de buena salud, así como prosperas
espiritualmente.*

3 Juan 1.2 nvi

Cuando estamos enfermos o afligidos —especialmente cuando estamos enfermos o afligidos— es fácil centrarse en el yo. Nos duele el cuerpo y solo queremos sentirnos mejor. Una de las mejores maneras de sentirnos mejor y de que se nos levante el ánimo es poner el foco en los demás.

¿A quién conocemos que necesita oración? Ora por ellos. Acércate a ellos. Escribe tarjetas y cartas, o llama por teléfono. Envía mensajes en las redes sociales. Deja que los demás sepan que estás pensando en ellos y que te importan. Este tipo de esfuerzo desinteresado levantará el espíritu de la otra persona y le alegrará el día. Al mismo tiempo, nuestro propio espíritu se erguirá al olvidarnos, por un momento, de nuestros problemas y centrarnos en mejorar la vida de otra persona.

---

*Padre amado, muéstrame cómo puedo llegar a los demás hoy,
cómo puedo orar y cómo puedo mostrar tu amor. Amén.*

UNA CARGA PESADA

Vengan a mí todos ustedes que están cansados y agobiados, y yo les daré descanso. Carguen con mi yugo y aprendan de mí, pues yo soy apacible y humilde de corazón, y encontrarán descanso para su alma. Porque mi yugo es suave y mi carga es liviana.

MATEO 11.28–30 NVI

La ansiedad es una carga pesada de llevar, y nos agotará absolutamente. Cuando estamos cansados y agobiados, Dios nos invita a acudir a él. Él cambiará nuestras cargas pesadas por las suyas ligeras. Cambiará nuestro yugo difícil por el suyo fácil. Y nos dará el descanso que necesitamos.

La vida es larga. Algunos dirían que la vida está llena de dificultades, y tendrían razón. Pero el hecho de que la vida sea larga es también una bendición, porque a cada paso encontramos nuevas oportunidades, nuevas posibilidades y nuevos comienzos. A cada paso, Dios nos ofrece tomar nuestras cargas pesadas y reemplazarlas con tranquilidad, paz y alegría.

Padre amado, estoy llevando una carga muy pesada en este momento. Por favor, quítamela y dame descanso. Amén.

SANIDAD DIVINA

Jesús le dijo: —Puedes irte. Tu fe te ha salvado.
Al punto recobró la vista y siguió a Jesús por el camino.
MARCOS 10.52 BLPH

Esta historia de la fe que cura la dolencia física de una persona se ha tergiversado a menudo. Dios es perfectamente capaz de sanar nuestras dolencias y enfermedades. Pero nuestra salud física no es la principal prioridad de Dios. En cambio, nuestra salud espiritual está en la cima de la lista de objetivos de Dios para cada una de nuestras vidas.

Cada uno de nosotros que conoce a Cristo como su Salvador será finalmente sanado. Un día, cuando lleguemos al cielo, se nos entregarán cuerpos nuevos, y por toda la eternidad ya no tendremos dolor. Es nuestra salud espiritual la que determina si se nos permitirá entrar en el cielo o no. Y es nuestra salud espiritual la que más afecta a los que nos rodean. Cuando tenemos una dolencia física, es apropiado pedirle a Dios que nos sane. Pero si él no responde de la manera que deseamos, tenemos que mirar más de cerca. Tal vez él esté utilizando esa dolencia para sanar nuestro espíritu, o el de los que nos rodean.

Padre amado, sáname. Confío en ti. Amén.

AFERRARSE A LA ESPERANZA

Amargas lágrimas derrama por las noches; corre el llanto por
sus mejillas. No hay entre sus amantes uno solo que la consuele.
Todos sus amigos la traicionaron; se volvieron sus enemigos.

LAMENTACIONES 1.2 NVI

¿Te has sentido alguna vez abandonada y olvidada? Todos nos hemos sentido así alguna vez. Las personas en las que creíamos que podíamos confiar resultan ser indignas de confianza. Los que considerábamos nuestros mejores aliados nos traicionan. Cuando eso ocurre, nos duele el alma en lo más profundo. Podemos sentir que las cosas nunca cambiarán, que toda esperanza está perdida.

Sin embargo, no tenemos por qué sentirnos así. Dios es un Dios de esperanza, y la esperanza es lo contrario del miedo. El miedo la creencia de que algo malo sucederá, y la esperanza es la creencia de que algo bueno sucederá. Mientras tengamos a Dios, tenemos esperanza, porque a él nunca, nunca, se le acaba la bondad.

Padre amado, ahora mismo parece que nada va a mejorar.
Sin embargo, me aferraré a la creencia de que tú tienes cosas
buenas reservadas para mi vida. Amén.

UNA COSECHA ABUNDANTE

El labrador que trabaja duro tiene derecho
a recibir primero parte de la cosecha.
2 Timoteo 2.6 NVI

Al leer este versículo, muchos de nosotros asentiremos con la cabeza. Por supuesto que el agricultor debe ser el primero en disfrutar de su cosecha. Pero no podemos pasar por alto la primera parte del versículo: *que trabaja duro*. El agricultor que trabaja duro debe recibir primero parte de la cosecha.

¿Pero qué pasa con el labrador perezoso? Rara vez la recibirá primero, porque los cobradores y los acreedores estarán en la puerta, esperando recibir el pago antes de que el agricultor pueda siquiera transportar la mercancía. Incluso si ha trabajado duro durante unas semanas, cualquier descuido en el pasado puede haber provocado que las facturas se acumulen.

Este versículo es un principio, no una promesa. A veces, circunstancias fuera de nuestro control causan dificultades financieras a pesar de nuestro duro trabajo. Pero cuando hacemos del trabajo duro un hábito, con el tiempo, recogeremos una cosecha abundante.

Padre amado, ayúdame a hacer del trabajo duro un hábito,
como el del labrador fructífero. Amén.

LLENO DE COMPASIÓN

El Señor es refugio de los oprimidos;
es su baluarte en momentos de angustia.

SALMOS 9.9 NVI

Dios está lleno de compasión. La palabra *compasión* significa tener pasión con y por otra persona. Dios se apasiona *por* nosotros. Tiene pasión *con* nosotros. Eso significa que cuando estamos en problemas, cuando algo nos duele, cuando nos sentimos perdidos y solos, él siente cada parte de nuestro dolor tan apasionadamente como nosotros.

Él es todopoderoso, y utiliza ese poder a nuestro favor cuando acudimos a él. Su cuidado por nosotros no le permite hacer otra cosa. Cuando parece que las tormentas de la vida nos van a arrastrar, podemos simplemente invocar su nombre. Él nunca nos dejará ni nos abandonará. Él estará allí, cobijándonos, protegiéndonos y dándonos fuerza. Él es nuestro refugio y nuestra fortaleza, y no nos dejará ir.

Padre amado, gracias por apasionarte por mí. Te necesito ahora.
Sé que tú eres mi Refugio y mi Fortaleza, y me aferraré a ti.
Amén.

EL AMOR AL DINERO

Porque el amor al dinero es raíz de toda clase de males;
y hay quienes, por codicia, se han desviado de la fe
y se han causado terribles sufrimientos.

1 TIMOTEO 6.10 DHH

Este principio es a menudo malinterpretado. El dinero no es la raíz de todos los males. El dinero es inanimado. No tiene alma. Más bien, el *amor* al dinero es la fuente de todo tipo de mal. La fuente no son nuestras cuentas bancarias o el tamaño de nuestras carteras. Es nuestro corazón.

Nuestro corazón correrá detrás de lo que más amamos. Si amamos el dinero, lo perseguiremos con pasión, ya sea robándolo o haciendo trampas para conseguirlo o trabajando muchas horas a costa de nuestras familias. Pero cuando amamos más a Dios, perseguimos la justicia y una vida piadosa. Perseguimos la fe, la mansedumbre y el amor. El interés ganado por una vida piadosa es mucho mayor que cualquier cantidad de dinero.

Padre amado, quiero seguirte a ti. Amén.

DIOS TE AYUDARÁ

Porque yo soy el SEÑOR, tu Dios, que sostiene tu mano derecha;
yo soy quien te dice: «No temas, yo te ayudaré».

ISAÍAS 41.13 NVI

La mayoría de los niños pequeños se sienten absolutamente tranquilos cuando están cerca de sus padres. Si algo les asusta, pueden correr hacia ese padre y saber que están a salvo. Mientras estén de la mano de sus padres, saben que todo irá bien.

Dios quiere que tengamos esa clase de fe en él. Como un padre amoroso, nos tiende la mano y nos dice: «No tengas temor. Estoy aquí y te ayudaré». Siempre que nos sintamos ansiosos, podemos abrir y cerrar nuestra mano derecha e imaginar que él la sostiene firmemente. Podemos saber que no importa a qué nos enfrentemos, él está ahí con nosotros, dándonos sabiduría, fuerza y poder.

Padre amado, no sé por qué es tan fácil olvidar
que estás aquí conmigo. Gracias por sostener mi mano
y ayudarme en cada situación que enfrento. Amén.

EL CIELO EN LA TIERRA

Una sola cosa pido al Señor, solo esto quiero:
sentarme en la casa del Señor todos los días de mi vida,
contemplar la gracia del Señor y frecuentar su Templo.
SALMOS 27.4 BLPH

¿Puedes imaginar cómo será el cielo? Vivir en la presencia de Dios —donde el pecado no pueda existir— será glorioso en muchos niveles. Sin violencia, sin palabras duras, sin juicios... solo amor, paz, alegría y aceptación total.

Aunque no podemos reproducir el cielo en la tierra, ese debería ser siempre nuestro objetivo. Cuando hablamos con dulzura, cuando amamos sin límites, cuando hacemos todo lo posible para vivir en paz con los que están en nuestra casa, creamos un pequeño refugio, un trozo de cielo en la tierra. Mostrar amor y aceptación a los que no están a la altura de nuestras normas es difícil... pero eso es lo que hace Dios, cada vez que nos mira.

Padre amado, ayúdame a crear un poco de cielo en la tierra.
Quiero amar como tú amas. Amén.

VALE LA PENA

Felices los que sufren persecución por cumplir la voluntad de Dios, porque suyo es el reino de los cielos. Felices ustedes cuando los insulten y los persigan, y cuando digan falsamente de ustedes toda clase de infamias por ser mis discípulos. ¡Alégrense y estén contentos, porque en el cielo tienen una gran recompensa! ¡Así también fueron perseguidos los profetas que vivieron antes que ustedes!

MATEO 5.10–12 BLPH

Una de las peores cosas que podemos sufrir es la experiencia de hacer lo correcto y ser perseguidos por ello. Cuando hacer lo incorrecto hace que la gente nos estime y nos elogie, y hacer lo noble no nos hace ganar más que burlas y mofas, la situación es muy desagradable.

Pero Dios dice que no te preocupes. Él ve. Él lo sabe. Y promete grandes bendiciones a los que soportan la persecución por su causa. La persecución puede venir en muchas formas, pero nunca es agradable. Dios quiere que recordemos que, aunque podamos soportar algunas cosas duras, él hará que valga la pena al final.

Padre amado, por favor, detén la persecución que los cristianos de todo el mundo están sufriendo en este momento. Ayúdame a mantener mis convicciones, incluso cuando sea difícil. Amén.

ÉL ESTÁ CERCA

Mis ojos se consumen por las lágrimas, hierven mis entrañas;
mi hiel se derrama por tierra, a causa de la destrucción
de la hija de mi pueblo, cuando niños y lactantes desfallecen
en las calles de la ciudad.

LAMENTACIONES 2.11 NBLA

Es una escena familiar, aunque rara vez hablamos de ella en público. Lloramos hasta quedarnos dormidos, o no dormimos en absoluto. Simplemente lloramos toda la noche, volteando nuestra almohada hacia el lado seco, solo para empapar ese lado también.

Dios no nos deja solos con nuestras lágrimas. Él está ahí con nosotros. Salmos 56.8 incluso nos dice que él registra nuestra miseria y nuestro dolor. Él cuenta cada lágrima y mantiene una lista. Lo hace porque se preocupa mucho por nosotros. Nuestras lágrimas son tan valiosas para él como el dinero para un banquero.

Cuando nos duelen los ojos de tanto llorar, podemos acercarnos a él y sentir su presencia, pues es entonces cuando sabemos que está cerca.

Padre amado, gracias por no dejarme sola en mi dolor. Amén.

MÁS QUE VENCEDORA

Hasta ahora, ninguna prueba les ha sobrevenido que no pueda considerarse humanamente soportable. Dios es fiel y no permitirá que ustedes sean puestos a prueba más allá de sus propias fuerzas; al contrario, junto con la prueba les proporcionará también la manera de superarla con éxito.

1 Corintios 10.13 blph

Pregúntale a cualquier culturista. La única manera de formar músculos más grandes y fuertes es seguir esforzándose hasta el límite. La frase «si no hay dolor, no hay ganancia» es cierta, si queremos un crecimiento físico. Lo mismo ocurre con nuestro crecimiento espiritual.

A veces, puede parecer que Dios nos ha llevado a una situación en la que estamos destinados a fracasar, pero eso no es cierto. Cuando Dios nos permite pasar por algo, es porque tiene fe en nosotros. Él sabe que con él a nuestro lado, estamos preparados para manejar cualquier cosa que la vida nos depare. Él no nos llevará a un fracaso seguro. En cambio, nos lleva a la oportunidad de ser más que vencedores en esta vida.

Padre amado, confío en ti. Ayúdame a ser más que vencedora en mi situación actual. Amén.

TODO PARA SU GLORIA

En cualquier caso, tanto si comen como si beben o hacen cualquier otra cosa, háganlo todo para gloria de Dios.
1 CORINTIOS 10.31 NVI

A muchos de nosotros no nos importa dar la gloria a Dios, siempre que las cosas vayan como queremos. Pero cuando nuestras vidas toman un desvío repentino y terminamos en un camino que no habíamos planeado o deseado, a menudo tratamos de tomar el volante. Queremos tomar el control y volver a poner nuestras vidas en el camino que nos trazamos.

Pero parte de llegar a la madurez es la simple voluntad de renunciar al control, permitir que Dios haga lo que quiera en nuestras vidas, y alabarlo en el proceso. Cuando nos hacemos a un lado y le permitimos cumplir su propósito, él hace cosas maravillosas y asombrosas en nuestras vidas y nos lleva a una aventura que nunca podríamos imaginar.

Padre amado, perdóname por querer controlar mi vida.
Te doy permiso para hacer lo que tú quieras.
Venga lo que venga, te glorificaré. Amén.

EL CENTRO DE TUS PENSAMIENTOS

*No amen el dinero; conténtense con lo que tienen, porque Dios
ha dicho: «Nunca te dejaré ni te abandonaré».*

HEBREOS 13.5 DHH

A menudo asociamos el amor al dinero con los ricos. Pensamos que los que tienen mucho dinero seguramente lo aman, y deben de ser corruptos. Pero el amor al dinero tiene muy poco que ver con la cantidad que tenemos. Tiene todo que ver con nuestro corazón.

Cuando nos cuesta llegar a fin de mes, es fácil obsesionarse con el dinero. ¿Cómo voy a ganar más? ¿Cómo puedo gastarlo? ¿Cómo puedo ahorrarlo? ¿Qué gastos podría recortar para poder pagar mis facturas? ¿Cómo derrocharía si tuviera mucho dinero? Estas preguntas y preocupaciones no son malas, pero pueden llegar a ser obsesivas. Ricos o pobres, es importante recordar que Dios quiere que le mantengamos a *él*, y no al dinero, en el centro de nuestros pensamientos. Es Dios, no el dinero, quien nos proveerá y satisfará nuestras necesidades.

---

*Padre amado, ayúdame a ser sabia con mi dinero
y con mis pensamientos. Amén.*

CUANDO SIENTES MIEDO

Cuando siento miedo, pongo en ti mi confianza.
SALMOS 56.3 NVI

Este breve versículo es fácil de memorizar incluso para la mente más cerrada. Es como un mantra, y puede convertirse en un canto mental para cualquier momento en que nos sintamos ansiosos y temerosos. Dios nos ama más de lo que podemos imaginar, y solo quiere el bien para nosotros. Cuando realmente depositamos nuestra confianza en él, nos ayuda. Nos da sabiduría y confianza.

¿Entrevista de trabajo? No hay problema. *Cuando siento miedo, pongo en ti mi confianza.* ¿Personas malas? Es pan comido. *Cuando siento miedo, pongo en ti mi confianza.* ¿Situación nueva y aterradora? ¿Una enfermedad que da miedo? ¿Preocupaciones por el futuro? *Cuando siento miedo, pongo en ti mi confianza.* Dios nos ama, y nunca nos abandonará. Cuando sintamos que las preocupaciones de este mundo son demasiado grandes para soportarlas, podemos recordar este versículo, recordar su amor y relajarnos.

Padre amado, gracias por este simple recordatorio de que no tengo por qué tener miedo de nada. Puedo pasarte todos mis temores a ti, y tú cuidarás de mí. Confío en ti. Amén.

UN TRABAJO BIEN HECHO

Dios el Señor tomó al hombre y lo puso en el jardín
del Edén para que lo cultivara y lo cuidara.

GÉNESIS 2.15 NVI

A menudo queremos culpar al pecado de Adán y Eva por el hecho de que ahora tengamos que trabajar duro. Aunque su mala elección tuvo un efecto de gran alcance, no es la razón por la que debemos trabajar. Dios puso a Adán en el jardín para trabajarlo y cuidarlo antes de la caída. Antes de la serpiente. Antes de que Eva comiera ese desgraciado fruto.

Dios nos creó a su imagen y semejanza. Obtuvo una inmensa satisfacción al crear la tierra y todo lo que hay en ella. Quiere que nosotros disfrutemos de ese mismo sentido de propósito que proviene de un trabajo bien hecho. Nos dio el trabajo como un regalo, no como un castigo.

Él quiere que podamos dar un paso atrás al final del día o al final de un proyecto y decir: «He hecho esto, y es bueno». Él quiere que durmamos con ganas, sabiendo que hemos añadido valor a las vidas de los que nos rodean. Él nos ama y, lo creas o no, por eso nos da trabajo para hacer.

Padre amado, gracias por el trabajo. Amén.

SÉ UNA ANIMADORA

... animémonos unos a otros.
HEBREOS 10.25 NTV

¿No sería bueno que, por una vez, Cristo nos llamara a hacer lo más fácil? En cambio, nos llama a hacer lo que otros no quieren hacer. Debemos amar a nuestros enemigos, bendecir a los que nos maldicen y animar a los que nos golpean verbal y emocionalmente. ¿Cómo se supone que debemos hacer eso?

La verdad es que Dios quiere llevarnos a un lugar más allá de nosotros mismos. Quiere que vivamos en un plano superior. Cuando nos rendimos a su voluntad para nuestras vidas y decimos: «No puedo hacerlo, Dios, pero sé que tú puedes», él hace milagros. Él cambia nuestros corazones, y a menudo cambia los corazones de los que nos rodean. A menudo, ese cambio comienza con una palabra de aliento a otra persona, incluso cuando es lo último que queremos hacer. Cuando alentamos a otros, Dios comienza un ciclo de amor que volverá a nosotros muchas veces.

Padre amado, ayúdame a ser una animadora. Amén.

EL PADRE AMOROSO

Si mi padre y mi madre me abandonan,
el Señor me acogerá.

SALMOS 27.10 BLPH

El rechazo es duro, venga de donde venga. Pero cuando nos rechazan los miembros de nuestra propia familia —las personas que se supone que más nos quieren— el aguijón es especialmente amargo. Dios nos puso en familias para evitar que estuviéramos solos, pero las familias no siempre funcionan como Dios quiere.

Dios es un Padre amoroso y compasivo. Es generoso. Es bondadoso. Es fiel y constante, y nunca nos dejará ni abandonará. No importa lo solos que nos sintamos en esta tierra, nunca estamos solos. En Jesús, tenemos un Salvador, un Abogado y un Animador. Él ofrece su amor gratuitamente y, si se lo pedimos, incluso nos proveerá otras personas en este mundo para llenar los huecos que nuestras familias han dejado.

Padre amado, gracias por amarme, aceptarme y ser mi Padre.
Gracias por acogerme. Dame una familia de la que formar
parte y ayúdame a ofrecer esa clase de amor
a los demás también. Amén.

PASOS FIRMES

El Señor afirma los pasos del hombre cuando
le agrada su modo de vivir; podrá tropezar, pero no caerá,
porque el Señor lo sostiene de la mano.

Salmos 37.23–24 nvi

Dios se emociona cuando ve que intentamos seguirle y hacer su voluntad. Se preocupa más por nuestros corazones que por la perfección. No se desilusiona por nuestros errores y fracasos; para empezar, nunca se hizo ilusiones con nosotros. Simplemente ve a su hija, que trata de complacerle, y se alegra.

Cuando acudimos a él, nos toma de la mano y nos guía. Pero si queremos ese tipo de apoyo de Dios, debemos asegurarnos de buscar su consejo antes de salir. Debemos hacer lo que él dice, y él nos ayudará. Nuestro humilde reconocimiento de él como Señor es lo que trae su favor a nuestras vidas.

Padre amado, quiero deleitarte. Quiero seguirte, y busco
humildemente tu guía para cada paso que doy. Gracias por
sostenerme y hacer que mis pasos sean firmes. Amén.

RESPONDEN ANTE DIOS

Sométase toda persona a las autoridades que gobiernan.
Porque no hay autoridad sino de Dios, y las que existen,
por Dios son constituidas.

ROMANOS 13.1 NBLA

Es fácil entender por qué debemos respetar la autoridad, cuando esa autoridad es buena, recta y justa. ¿Pero qué pasa con la autoridad corrupta? ¿Qué pasa si nuestro gobernante o gobernador o presidente no es alguien que nos gusta o respetamos? ¿Qué pasa si él o ella manifiesta cualquier cosa menos una vida piadosa? ¿Qué pasa si nuestro jefe trata a los empleados con falta de respeto, muestra poca compasión, chismorrea, calumnia y los menosprecia a cada oportunidad?

Dios dice que debemos respetar su posición. Debemos respetar que él los puso en esa posición, o por lo menos, él les permite estar allí. Cuando honramos a la autoridad, realmente estamos honrando a Dios. El gobernante malvado o el jefe injusto responderán ante Dios por cada acción... al igual que el resto de nosotros.

Padre amado, ayúdame a tratar a las figuras de autoridad
con honor y respeto, incluso cuando no lo sienta.
Lo hago por respeto a ti, no a ellos. Amén.

AMOR PERFECTO

*… sino que el amor perfecto echa fuera el temor. El que teme
espera el castigo, así que no ha sido perfeccionado en el amor.*

1 JUAN 4.18 NVI

Cualquiera que luche contra la ansiedad sabe que puede introducirse en todos los ámbitos de nuestra vida. Una vez que el miedo se afianza, su voz es más fuerte que la lógica, más fuerte que el sentido común. Debemos aprender a reconocer la voz de la ansiedad: es Satanás, el padre de la mentira.

La ansiedad nos dice que no podemos. El amor —que viene de Dios— nos dice que podemos, y que él nos ayudará. La ansiedad susurra: «No eres suficiente». Dios proclama: «*Eres un tesoro y te adoro. Eres tan valiosa que di a mi Hijo por ti. Eres más que suficiente*». La ansiedad empuja nuestra cabeza hacia abajo. El amor nos levanta la barbilla.

La ansiedad nos hace cobardes; el amor nos hace confiar, no en nosotros mismos, sino en el propósito de nuestro Creador en nosotros. Siempre que sintamos miedo, podemos recordar la fuente de ese miedo, invocar a nuestro Padre que nos ama, y ver cómo el miedo huye.

*Padre amado, gracias por tu exquisito y tierno amor por mí.
Gracias por echar fuera el temor. Amén.*

RELACIONES ANTES QUE TRABAJO

Pero Jesús les respondía: —Mi Padre aún hoy está trabajando,
y yo también trabajo.

JUAN 5.17 NVI

¿No es estupendo saber que Dios siempre está trabajando en nuestro favor? Él nunca se toma un descanso en su amor por nosotros. Esto no significa que nunca descanse. Pero su mente está siempre activa por nosotros. El corazón de su existencia está siempre en las relaciones.

Es fácil distraerse con el trabajo y olvidarse de nuestras relaciones. Pero Dios nos diseñó para conectarnos con otras personas. Cuando, para poder procurar más dinero, descuidamos el tiempo con la familia, los amigos y otras personas que nos necesitan, las cosas van terriblemente mal. Dios quiere que trabajemos, pero no quiere que olvidemos la razón por la que trabajamos. Trabajamos para él, sí, pero también trabajamos para proporcionar una vida buena y estable a las personas que nos importan. Que el trabajo que hacemos *de manera continuada* sea para nuestras relaciones, no para nuestros salarios.

Padre amado, recuérdame que trabaje por las relaciones buenas
y positivas en mi vida más que por el dinero. Amén.

EJERCICIO

*... pues aunque el ejercicio físico trae algún provecho, la piedad
es útil para todo, ya que incluye una promesa no solo
para la vida presente, sino también para la venidera.*

1 TIMOTEO 4.8 NVI

Aparte de los verdaderos atletas y aficionados al *fitness*, a la mayoría no nos gusta la idea de hacer ejercicio. Es difícil. Requiere tiempo. Y nos hace sudar. Pero, si queremos estar sanos y en forma, lo hacemos de todos modos. El ejercicio mantiene nuestros músculos y huesos fuertes, mejora el funcionamiento de nuestra mente y alivia el estrés.

El ejercicio puede tener innumerables beneficios para nuestro cuerpo, pero los beneficios de la vida piadosa son aún mayores para cada aspecto de nuestra vida. Cuando vivimos de acuerdo con las normas de Dios, nuestras relaciones son más pacíficas. Sobresalimos en nuestros trabajos. Evitamos peligros físicos y emocionales. Aunque no podemos controlar todo lo que nos sucede física, espiritual y emocionalmente, podemos poner nuestro mejor esfuerzo para vivir una vida piadosa.

*Padre amado, gracias por la sabiduría que se encuentra en
tu Palabra. Quiero hacer todo lo que pueda para ser piadosa.
Amén.*

AMOR Y ORACIÓN

Pero Yo les digo: amen a sus enemigos y oren por los que los persiguen, para que ustedes sean hijos de su Padre que está en los cielos; porque Él hace salir Su sol sobre malos y buenos, y llover sobre justos e injustos. Porque si ustedes aman a los que los aman, ¿qué recompensa tienen? ¿No hacen también lo mismo los recaudadores de impuestos?

Mateo 5.44–46 nbla

Cualquier padre que tenga más de un hijo te dirá que quiere a cada uno de ellos por igual. Puede que los quieran de forma diferente, en función de las distintas personalidades, pero el amor es el mismo, y es interminable.

Dios nos ama así. Aunque algunos de sus hijos sean más agradables, más obedientes, más compasivos y amorosos, él no ama menos a los hijos desagradables. Porque estamos hechos a la imagen de Dios, él quiere que amemos como él ama. Él anhela que amemos incluso a las personas que son difíciles de amar. Si se lo pedimos, él nos dará la voluntad y el deseo de amar —y orar por ellos— incluso a nuestros enemigos.

Padre amado, ayúdame a amar y a orar por mis enemigos. Amén.

LA FIDELIDAD DE DIOS ES GRANDE

Pero algo más me viene a la memoria, lo cual me llena
de esperanza: El gran amor del Señor nunca se acaba,
y su compasión jamás se agota. Cada mañana se renuevan
sus bondades; ¡muy grande es su fidelidad!

LAMENTACIONES 3.21–23 NVI

Cuando Jeremías escribió el libro de Lamentaciones, estaba tan triste, angustiado y desconsolado como cualquiera puede estarlo. Había visto a sus amigos y a su familia tomar malas decisiones, y esas malas decisiones los llevaron a la destrucción. Había perdido a todos sus seres queridos.

Sin embargo, cuando buscó en lo más profundo de su alma, encontró esperanza. Sabía que, por muy mal que se pongan las cosas, Dios es bueno. Dios es compasivo. Y Dios es fiel.

Por muy desesperadas que parezcan las cosas, podemos seguir el ejemplo de Jeremías. Podemos llorar y lamentarnos, sabiendo que Dios nos tiene en sus brazos, consolándonos, cuidando de nosotros. Podemos saber que él llora con nosotros. Y podemos estar seguros de que su bondad final prevalecerá.

Padre amado, sé que eres bueno, incluso cuando mis
circunstancias no lo son. Gracias por tu compasión.
Recuérdame tu amor y ayúdame a encontrar
la esperanza de nuevo. Amén.

LA PALABRA VIVA DE DIOS

*En todo caso, la fe surge de la proclamación, y la proclamación
se realiza mediante la palabra de Cristo.*

ROMANOS 10.17 BLPH

Cuando nos encontramos en una crisis de fe, a menudo buscamos respuestas en todas partes. Escuchamos a sabios gurús de
esta o aquella forma de pensar. Leemos libros de autoayuda.
Puede que incluso empecemos un nuevo plan de ejercicios.
Desafortunadamente, el lugar que puede ayudarnos a crecer
en nuestra fe es a menudo el último lugar que buscamos: la
Palabra de Dios.

Una de las grandes cosas de la Palabra de Dios es que
nunca cambia. Así que las mismas palabras que fortalecie-
ron a Abraham y a Pablo e incluso a María nos fortalecerán
a nosotros. Pero al igual que un frasco de vitaminas no nos
servirá de nada sin abrir en un estante, la Palabra de Dios
debe ser leída y absorbida en nuestros pensamientos antes
de que haga crecer nuestra fe.

La próxima vez que nos preguntemos si Dios es real,
podemos encontrar nuestras respuestas en las páginas de la
Biblia, la Palabra viva de Dios.

*Padre amado, ayúdame a leer
y entender tu Palabra hoy. Amén.*

ESPERAR CON PACIENCIA

Espera en el Señor, sé fuerte, ten firmeza;
pon tu esperanza en el Señor.

SALMOS 27.14 BLPH

Una de las mejores cualidades es la paciencia. También es uno de los rasgos de carácter más difíciles de desarrollar, y es lo único que no se puede apurar. La paciencia requiere una espera tranquila, y a ninguno de nosotros nos gusta esperar.

Cuando se trata de relaciones familiares, la paciencia puede marcar la diferencia en la dinámica de un hogar. Cuando somos pacientes con los defectos de los demás, dándonos cuenta de que todos somos obras en progreso y de que Dios nos está moldeando activamente para que seamos las personas que él creó, establecemos una atmósfera de paz y aceptación. Por el contrario, cuando nos irritamos fácilmente con los defectos de los demás, generamos un ambiente tóxico que dificulta que los demás prosperen.

Dios es inmensamente paciente con nosotros. Cuando estemos tentados a perder la paciencia con los demás, tenemos que recordar que debemos esperar en calma mientras Dios lleva a cabo su propósito divino en sus vidas.

Padre amado, gracias por ser paciente conmigo. Enséñame
a ser paciente con los demás, sabiendo que tú estás
obrando en sus vidas. Amén.

ÉL ESTÁ CONTIGO

Así que no temas, porque yo estoy contigo;
no te angusties, porque yo soy tu Dios.
Te fortaleceré y te ayudaré;
te sostendré con mi diestra victoriosa.

ISAÍAS 41.10 NVI

La depresión no hace acepción de personas. No importa si eres rico o pobre, intelectual o trabajador manual, negro, blanco o mulato. La depresión le quitará la vida a la persona. Pero la depresión no ganará, siempre y cuando confiemos en Dios para que nos ayude a salir adelante. Él nos fortalecerá, nos ayudará y nos sostendrá.

A veces él proporciona ayuda a través de amigos de confianza con los que podemos hablar. Otras veces puede proporcionarnos la medicación necesaria. Pero siempre nos ofrecerá un oído atento y todo el amor de su corazón. Cuando sientas que la depresión va a ganar, mírate al espejo y recuérdate que nada es más fuerte que el Dios todopoderoso. Y Dios está de tu lado.

Padre amado, gracias por sostenerme y darme fuerzas.
Por favor, ayúdame a vencer esta depresión. Te amo.
Confío en ti. Sé que eres bueno. Amén.

SOBRE LA AVARICIA

También dijo: —Cuídense ustedes de toda avaricia;
porque la vida no depende del poseer muchas cosas.

Lucas 12.15 dhh

Vivir haciendo comparaciones —es decir, medir nuestro éxito por lo que tenemos, en comparación con otros— siempre ha sido un problema. Las redes sociales han agravado el problema, porque muchos de nosotros compartimos lo que queremos que otros vean y ocultamos lo que queremos mantener en secreto. Esto hace que pensemos que la vida de los demás es mejor que la nuestra, porque solo vemos las mejores partes de su existencia. A menudo, lo que vemos está cuidadosamente escenificado y no representa la realidad.

Los celos por lo que creemos que tienen los demás pueden hacernos personas codiciosas. Queremos estar a la altura de nuestros compañeros, así que compramos más cosas. Pero el dinero y las cosas nunca satisfacen por mucho tiempo. La verdadera felicidad proviene de las relaciones sanas con Dios y con los demás. La codicia aleja nuestra atención de lo que nos dará una satisfacción duradera.

Padre amado, perdóname por ser codiciosa. Ayúdame a
centrarme en el amor, por ti y por los demás. Amén.

ERES SUYA

Pero ahora, así dice el SEÑOR, el que te creó, Jacob,
el que te formó, Israel: «No temas, que yo te he redimido;
te he llamado por tu nombre; tú eres mío».

ISAÍAS 43.1 NVI

La ansiedad nos hace sentir solos, incluso entre la multitud. Con la ansiedad como compañera, nos sentimos aislados e invisibles. Pero la ansiedad se equivoca. No la escuches. El idioma de la ansiedad es la mentira.

Piensa en esa sensación de aislamiento, de soledad en una multitud de personas. Ahora recuerda la belleza de oír una voz familiar que te llama por tu nombre. Escucha el placer de esa voz, porque su dueño está encantado de verte y de estar en tu presencia. *Esa* es la voz de Dios, y ocurre a cada momento. Nos llama por nuestro nombre. Nos dice: *«Aquí, siéntate a mi lado. He guardado este lugar de honor para ti».* Dice: *«Me alegro mucho de que seas mía».*

La próxima vez que sientas miedo, dile a tu corazón inquieto que se calme y escuche. Le oirás, llamándote por tu nombre. Proclamando su cuidado por ti. Recordándote que eres especial, que eres amada y que eres suya.

Padre amado, gracias por llamarme por mi nombre. Amén.

DECISIONES

Hijo mío, atiende la instrucción de tu padre
y no abandones la enseñanza de tu madre,
pues serán para ti un bello adorno: como un collar o una corona.

PROVERBIOS 1.8–9 DHH

Hay cosas que van juntas: la sal y la pimienta, la manteca de cacahuete y la mermelada, las preocupaciones y la crianza de los hijos. Es una pena que los niños no nazcan con un manual de instrucciones detallado atado a su cordón umbilical. «Haz x, y o z, y en veinte años tendrás un adulto sano, bien adaptado y con éxito». En cambio, hacemos lo mejor que podemos y oramos mucho. Y, por supuesto, nos preocupamos.

La conclusión es que nuestros hijos son individuos. Ellos toman sus propias decisiones y eligen sus propios caminos. Podemos enseñarles, entrenarlos, modelar una vida recta para ellos..., pero depende de ellos si escuchan esa enseñanza y la hacen parte de sus vidas. El mandato del versículo anterior es para los hijos, no para los padres. Debemos hacer nuestra parte como padres para enseñar y formar con amor. Luego debemos dejar que nuestros hijos tomen sus propias decisiones.

Padre amado, te entrego a mi hijo. Ayúdame
a no preocuparme. Amén.

BUENA COMPAÑÍA

Recuerden lo que les he dicho: «Ningún siervo es superior a su amo». Como me han perseguido a mí, los perseguirán también a ustedes; y en la medida en que han puesto en práctica mi mensaje, también pondrán en práctica el de ustedes.

JUAN 15.20 BLPH

La sabiduría nos dice que si alguien chismorrea o calumnia a otra persona cuando está con nosotros, probablemente también lo hará cuando esté fuera de nuestra presencia. En este versículo, Cristo insta a sus seguidores a recordar esto. Si alguien te ha perseguido, también lo ha hecho a otros, y perseguiría al propio Cristo, si tuviera la oportunidad.

Aunque no podemos evitar por completo a las personas difíciles, debemos ser prudentes a la hora de seleccionar a nuestros mejores amigos. Si una persona trata constantemente a los demás con amabilidad y respeto, lo más probable es que también nos trate a nosotros de esa manera. También debemos recordar, cuando soportamos el trato duro de los demás, que Cristo también fue tratado con dureza. Estamos en buena compañía.

Padre amado, dame sabiduría para seleccionar a mis amigos. Ayúdame a ser también una amiga de confianza para los demás. Amén.

LA PAZ INTERIOR

Que reine la paz entre tus muros,
la tranquilidad en tus palacios.
Por mis hermanos y amigos diré:
¡Que la paz esté contigo!

SALMOS 122.7–8 BLPH

El deseo de Dios es que vivamos en paz con nosotros mismos y con los demás. Desgraciadamente, vivimos en un mundo caído y roto en el que la paz parece difícil de alcanzar. Sin embargo, podemos saber, sin lugar a duda, que Dios anhela que experimentemos la paz que solo viene de él.

Es interesante que el salmista comience diciendo: «Que reine la paz entre tus muros», y termine diciendo: «¡Que la paz esté contigo!». En verdad, como dice la vieja canción, la paz en la tierra comienza dentro de cada uno de nosotros. Incluso cuando todo lo que nos rodea parece una guerra, Dios nos ha dado todas las herramientas que necesitamos para vivir en paz con él y con los demás. Cuando la vida no nos parece pacífica, podemos recordar que la paz no viene de fuera... viene de dentro.

Padre amado, muéstrame tu paz. Cuando la vida es un caos
y me rodea gente mala, recuérdame tu presencia. Amén.

¡CLAMA!

Los justos claman, y el Señor los oye;
los libra de todas sus angustias.

Salmos 34.17 nvi

Dios está siempre a la escucha, esperando que le invoquemos. Nunca se duerme, y nunca deja de estar de guardia. Cuando clamamos a él, nos escucha y nos libera. Nunca hará oídos sordos a sus hijos; no ignorará nuestras súplicas de ayuda.

Si no tuviéramos problemas, no necesitaríamos que él nos librara. Si no tuviéramos dificultades, podríamos olvidarnos de él. Dios no causa las cosas malas en nuestras vidas. Pero las permite, y las utiliza para convertirnos en las personas amorosas, compasivas y sabias que quiere que seamos. También las permite porque anhela nuestra atención, y sabe que no lo invocaríamos si no tuviéramos una necesidad.

Padre amado, gracias por escucharme cuando clamo. Necesito
que me liberes, y sé que lo harás. Amén.

ESPERANZA EN EL SEÑOR

*Bueno es el SEÑOR con quienes en él confían,
con todos los que lo buscan. Bueno es esperar calladamente
que el SEÑOR venga a salvarnos.*
LAMENTACIONES 3.25–26 NVI

La esperanza es la firme creencia de que sucederán cosas buenas. No es un fútil deseo fantasioso, sino una firme convicción. Dios es bueno. Es todo bondad. Cuando vivimos en él, las cosas buenas vienen a nosotros. Cuando lo buscamos desesperadamente, cuando lo buscamos con una determinación implacable, cuando lo buscamos hasta la última gota de nuestro ser, lo encontramos. Y ahí es donde habita todo lo bueno.

Más que nada, Dios quiere nuestra devoción. Quiere nuestro tiempo y nuestra atención. Quiere llenar nuestros pensamientos. No retiene su bondad en una especie de engaño del burro y la zanahoria; por el contrario, nos espera, listo para derramar su bondad sobre todos los que buscan su presencia. Su bondad es una invitación a compartir su compañía.

---

*Padre amado, te busco. Anhelo tu presencia. Quiero vivir
en tu bondad. Tú eres mi esperanza, Señor. Te amo. Amén.*

UN PADRE BUENO

Entonces Jesús le respondió:
—¡Grande es tu fe, mujer! ¡Que se haga lo que deseas!
Y su hija quedó curada en aquel mismo instante.

MATEO 15.28 BLPH

¿No sería estupendo que Dios hiciera todo lo que le pedimos, simplemente porque se lo pedimos? Todos estaríamos sanos, ricos y hermosos. No nos faltaría nada… y eso significa que al final dejaríamos de acudir a Dios.

Dios es un Padre bueno. Y como todo buen padre, anhela darnos lo que pedimos. Pero a veces su respuesta es no. A veces, él tiene un plan diferente del que hemos trazado nosotros mismos para nuestras vidas.

A veces, sin embargo, su respuesta es afirmativa. Puede que nunca conozcamos las posibilidades de su generosidad si no le pedimos. Cuando tenemos una necesidad, o incluso un deseo, él anhela que acudamos a él. No importa su respuesta, siempre derramará su amor.

Padre amado, tú conoces mis necesidades. Tú conoces
mis deseos. Por favor, responde a mis oraciones,
porque tú eres el único que puede hacerlo. Amén.

¿PRINCIPIO O PROMESA?

Instruye al niño en el camino correcto,
y aun en su vejez no lo abandonará.

PROVERBIOS 22.6 NVI

Este versículo parece una promesa, ¿no es así? Si lo fuera, tendríamos mucho menos dolor en este mundo. A muchas personas se les enseña a distinguir el bien del mal, se les muestra el mejor camino y se les forma para vivir una vida piadosa y con principios. Pero eso no niega el hecho de que cada persona en este mundo tiene el derecho de elegir. Es un derecho otorgado por Dios, y ese derecho deja espacio para las malas elecciones, así como para las sabias.

Sin embargo, cuando enseñamos diligentemente a nuestros hijos *el camino correcto*, aumentamos en gran medida las probabilidades de que se conviertan en adultos decentes, temerosos de Dios y justos. Este versículo es un principio, no una promesa. Sin embargo, es un principio al que los padres sabios se adhieren persistentemente. Es un principio que, la mayoría de las veces, resultará cierto y conducirá a una vida llena de alegría y paz para aquellos que escuchen.

Padre amado, ayúdame a enseñar a mis hijos tus caminos
de forma consistente y persistente. Amén.

UN CAMINO DIFERENTE

Por último, hermanos, consideren bien todo lo verdadero,
todo lo respetable, todo lo justo, todo lo puro, todo lo amable,
todo lo digno de admiración, en fin, todo lo que sea excelente
o merezca elogio.

FILIPENSES 4.8 NVI

¿Has conocido alguna vez a una persona tóxica? ¿Has *sido* alguna vez una persona tóxica? Las personas tóxicas son negativas, desalentadoras y críticas. Pero también suelen ser ingeniosas e inteligentes, y su encanto engañoso puede absorbernos antes de que nos demos cuenta. Pronto, nuestros pensamientos reflejan los suyos, y somos negativos, chismosos y malos... y nos preguntamos por qué estamos de mal humor todo el tiempo.

Pablo nos anima a tomar un camino diferente. Quiere que nuestros pensamientos se centren en lo bueno, lo noble, lo verdadero. Quiere que pensemos en las cosas puras, excelentes y dignas de alabanza. Quiere que nuestras contemplaciones descansen en lo admirable, lo amable, lo gentil, lo compasivo. Cuando disciplinamos nuestra mente para que se concentre en lo positivo, nuestro espíritu se levanta del fango. Y a su vez levantamos a los que nos rodean.

Padre amado, mantén mi mente enfocada en pensamientos
positivos y nobles hoy. Ayúdame a levantar a los demás. Amén.

SUPERPODER

Reunió a sus doce discípulos y les dio autoridad
para expulsar a los espíritus malignos
y sanar toda enfermedad y toda dolencia.

MATEO 10.1 NVI

Muchos de nosotros leemos este versículo y nos preguntamos qué tenían de especial los discípulos, que podían expulsar espíritus malignos y sanar enfermedades. Nos preguntamos por qué no tenemos las mismas habilidades hoy en día. La verdad es que Dios no les dio a los discípulos ningún don o talento especial en ese ámbito. Sí les dio un poder —un superpoder muy especial— y a nosotros nos ha dado el mismo poder. Ese poder es el Espíritu Santo.

El problema es que muchos de nosotros hemos visto demasiadas películas de superhéroes. Esperamos resultados inmediatos, pero Dios a menudo tiene un propósito mayor en las situaciones que encontramos. Su propósito se cumple, la mayoría de las veces, con el tiempo y con mucha perseverancia. Cuando nos encontramos con una situación que necesita sanidad, solo tenemos que invocar el poder que él ya nos ha dado, esperar a que él actúe y confiar en él para los resultados.

Padre amado, enséñame a usar tu poder de manera efectiva.
Te amo. Amén.

CAPAS DE ÁNIMO

Pero tú, SEÑOR, me rodeas cual escudo; tú eres mi gloria;
¡tú mantienes en alto mi cabeza!

SALMOS 3.3 NVI

Cuando diseccionamos este versículo, encontramos muchas capas alentadoras. En primer lugar, Dios es un escudo que nos rodea. Un escudo normalmente se coloca delante de un guerrero para protegerlo de las balas o las flechas. Pero Dios no solo está frente a nosotros: ¡nos rodea! Él nos protege desde todos los lados. Cuando nos mantenemos cerca de él, él nos protege de las flechas de Satanás.

También nos concede la gloria. Cuando nos sentimos insignificantes, podemos saber que a Dios le encanta recibir la gloria. Nos hizo para ser como él, y sabe que también necesitamos brillar. Él tiene planes para que tengamos nuestros momentos bajo el sol; él nos dará la gloria.

Cuando nos sentimos avergonzados, él levanta nuestras cabezas. Cuando pedimos perdón y nos arrepentimos de verdad —o nos apartamos— de nuestros pecados, él pone una mano bajo nuestra barbilla y levanta nuestro rostro hacia él. Una vez que nos ha perdonado, no tenemos nada de lo que avergonzarnos. Estamos limpios.

Padre amado, gracias por este recordatorio. Amén.

OCUPADA EN EL TRABAJO

*... a procurar vivir en paz con todos, a ocuparse
de sus propias responsabilidades y a trabajar
con sus propias manos. Así les he mandado.*

1 Tesalonicenses 4.11 NVI

Uno de los mayores dolores de cabeza de los que se quejan los jefes es el de los conflictos en el lugar de trabajo. Tiene poco que ver con el trabajo real de los empleados. Consiste en los cotilleos, las calumnias y las murmuraciones que se producen cuando se supone que la gente está trabajando, pero no lo hace.

En este versículo, Pablo anima a sus lectores a mantenerse alejados del lugar donde suelen juntarse a hablar los obreros ociosos. Quiere que hagamos nuestro trabajo y nos ocupemos de nuestros propios asuntos. Cuando nos mantenemos ocupados haciendo lo que se espera de nosotros, evitamos las dobles caras que se producen como resultado de los cotilleos ociosos. Cuando nos mantenemos ocupados, realizamos nuestra labor de forma positiva, lo que conduce al éxito en el lugar de trabajo.

Padre amado, ayúdame a evitar el drama y los chismes en el lugar de trabajo. Cuando me relacione con los demás, recuérdame que debo ser positiva y alentadora. Ayúdame a concentrarme en hacer mi trabajo lo mejor que pueda. Amén.

TODAS MIS NECESIDADES

Y mi Dios proveerá a todas sus necesidades,
conforme a sus riquezas en gloria en Cristo Jesús.
FILIPENSES 4.19 NBLA

¿Cuántas veces nos estresamos por la forma en que se satisfará esta o aquella necesidad? Ya se trate de una cuenta que hay que pagar, una pieza de ropa que necesitamos para un evento, o una relación que llenará un espacio vacío en nuestro corazón, ¡Dios proveerá! Él tiene un inmenso almacén de tesoros, y quiere que confiemos en él. Él anhela deleitar a sus hijos, especialmente cuando nos relajamos en él, confiados en que suplirá todas nuestras necesidades.

Cuando tenemos una necesidad, debemos contársela a Dios y dejarla en sus manos. Nuestras vidas se convierten en una hermosa y emocionante búsqueda del tesoro cuando damos a conocer nuestras peticiones con la plena confianza de que él las cumplirá. Él es Dios. Él proveerá. Y cuando lo haga, será más de lo que necesitamos.

Padre amado, perdóname por preocuparme por mis necesidades.
Sé que tú proveerás, y confío en ti. Amén.

FE SIN DUDAS

Jesús les contestó: —Les aseguro que, si tienen fe y no dudan,
no solamente harán esto de la higuera, sino que si dicen a este
monte que se quite de ahí y se arroje al mar, así ocurrirá.

MATEO 21.21 BLPH

Esta es una interesante historia de nuestro Señor. Jesús estaba
de viaje. Tenía hambre. Vio una higuera y se detuvo a comer.
Pero no había higos en el árbol, así que Jesús lo maldijo y dijo
que nunca más daría fruto. Inmediatamente el árbol se secó.

Cuando sus discípulos le preguntaron por qué el árbol se
marchitaba tan rápido, Jesús les dijo: «*Ustedes tienen esta clase
de poder al alcance de la mano*». La fe, cuando no está mezclada
con la duda, es algo potente. La fe desata el poder de Dios en
nuestras vidas. No hay fin a lo que Dios puede hacer y hará a
través de una persona con una fe pura en él.

Padre amado, enséñame a tener la clase de fe de la que hablas.
Yo creo. Amén.

RECOMPENSAS INCONTABLES

No se quejen unos de otros, hermanos...
SANTIAGO 5.9 NVI

Cualquier padre que tenga más de un hijo sabe que los hermanos se pelean. Es parte de la vida. La infancia está llena de hermanos y hermanas, refunfuñando y sollozando por lo que él dijo o ella hizo y lo injusto que es. Pero a medida que crecemos y nos desarrollamos, esas discusiones infantiles *deberían* dar paso a un amor profundo. Los hermanos, cuando maduran, pueden ser los mejores amigos.

Santiago nos advierte que no debemos actuar como niños. Somos hermanos y hermanas en Cristo, pero estamos llamados a ser maduros. En la vida cristiana no hay lugar para las quejas infantiles y mezquinas. Se supone que debemos animarnos unos a otros, dar generosamente y amar profundamente. Las recompensas de este tipo de afecto bien desarrollado son incontables.

Padre amado, perdóname por refunfuñar contra mis hermanos
y hermanas en Cristo, aunque sea solo en mi corazón. Ayúdame
a mostrar bondad y compasión, y a amar a los demás
con un amor maduro. Amén.

BENDICIONES, AHORA Y DESPUÉS

Los sacó con plata y oro;
Y no hubo en sus tribus enfermo.

SALMOS 105.37 RVR1960

Este versículo hace surgir una sensación de asombro ante lo que ellos tenían. ¿Qué tenía esta gente para que Dios la bendijera con salud y riquezas? Lo que este versículo no muestra, sin embargo, es que esas bendiciones terrenales no eran permanentes. Cada una de esas personas acabó muriendo, y no se llevaron su plata y su oro con ellos.

Dios quiere bendecirnos hoy. Envió a su Hijo, Jesús, para que pudiéramos tener vida abundante. Pero las bendiciones de la eternidad son mucho mayores que cualquier cosa que podamos imaginar en el aquí y ahora. Cuando Dios no responde a nuestras oraciones por más dinero o salud, no está ignorando nuestras peticiones. Solo está respondiendo a ellas de manera diferente. Cuando nos unamos a su presencia en el cielo, tendremos plata y oro, y no habrá un solo enfermo entre nosotros.

Padre amado, gracias por las bendiciones que me das
en esta vida. Recuérdame las bendiciones que me esperan
en la eternidad. Amén.

SE NECESITA FE

... echando toda vuestra ansiedad sobre él,
porque él tiene cuidado de vosotros.

1 Pedro 5.7 rvr1960

La ansiedad puede dejarnos congelados, incapaces de reaccionar o responder al miedo que nos consume. Este pequeño versículo nos recuerda que cuando nos sentimos ansiosos y temerosos, podemos defendernos. No dice que si no hacemos nada, Dios nos quitará la ansiedad. Debemos actuar. Debemos *echar* nuestra ansiedad sobre Dios. No se trata de lanzar, sino de *echar*. Debemos poner nuestro peso tras esa acción y cargar toda nuestra ansiedad sobre él.

Se necesita fe para hacerlo. Cuando Dios ve que usamos toda nuestra energía, con fe, para echar nuestras preocupaciones sobre él, reacciona con amor. Lo toma todo en sus grandes brazos y nos lo quita de las manos. Se preocupa por nosotros, y al intervenir en nuestro favor, nos dará paz y confianza y una serenidad que no podemos describir.

Padre amado, gracias por este recordatorio de no dejar
que mi ansiedad me consuma, sino más bien tomar las riendas
y echarla sobre ti. Amén.

POR CAUSA DEL SEÑOR

Sométanse, por causa del Señor, a toda institución humana,
ya sea al rey como autoridad, o a los gobernadores
como enviados por él para castigo de los malhechores
y alabanza de los que hacen el bien.

1 PEDRO 2.13–14 NBLA

Cuando nos sometemos a la autoridad del gobierno y de las instituciones humanas, lo hacemos por causa del Señor, porque él nos lo pidió. La mayoría de las leyes se crean para el bien de la humanidad. Respetar la ley mantiene nuestra sociedad organizada y segura. Puede que no estemos de acuerdo con todas las normas, pero aun así debemos obedecer cada una de ellas.

Cuando rompemos la ley por rebeldía y desprecio a la autoridad, es una vergüenza para Dios. Incluso si técnicamente no rompemos la ley, podemos causar mucho dolor al hablar mal de las autoridades que Dios ha puesto sobre nosotros. Unos pocos cristianos con incontinencia verbal pueden hacer que otros vean el cristianismo como algo duro y sentencioso, ¿y quién quiere ser parte de *eso*? Dios quiere que nos sometamos, con respeto, a aquellos que él ha puesto en posiciones de autoridad. Hazlo por *su* causa.

Padre amado, recuérdame que te honre honrando la autoridad.
Amén.

EN LA ESPERA

El Señor nos ha rechazado, pero no será para siempre.
Nos hace sufrir, pero también nos compadece,
porque es muy grande su amor.

LAMENTACIONES 3.31–32 NVI

Cuando la vida está complicada y nos encontramos en circunstancias difíciles, es fácil sentir que Dios se ha olvidado de nosotros. Vivimos en una sociedad de la rapidez, y esperamos que nuestras oraciones obtengan rápida respuesta, con tiempo de sobra. Nos frustramos cuando él no responde de manera rápida y eficiente.

Dios no vive según nuestro calendario. Él sabe que el crecimiento ocurre durante el tiempo de espera. Él quiere que seamos felices, pero aún más, quiere que seamos fuertes y maduros en nuestra fe. Así que a veces nos hace esperar. Y esperar y esperar.

Pero la espera no será eterna. Dios nos ama. Él escucha nuestras oraciones, y cuenta cada lágrima. Sigue buscándole y no te rindas. Su compasión no tiene límites, y su amor por ti no tiene medida.

Padre amado, por favor escucha mis oraciones y respóndeme
rápidamente. Mientras espero que actúes, ayuda a que mi fe
se fortalezca. Confío en tu amor incondicional. Amén.

RICA EN ESPÍRITU

La bendición del Señor es la que enriquece,
Y Él no añade tristeza con ella.

PROVERBIOS 10.22 NBLA

Para muchas cosas, los cristianos tenemos el mismo vocabulario que el resto del mundo. Pero eso tiene un problema: usamos diccionarios diferentes. Y cuando se utiliza la misma palabra para describir dos cosas totalmente diferentes, se produce una confusión.

La palabra *rico* es un ejemplo perfecto. Para el mundo, *rico* significa que posee riqueza monetaria. Pero en el diccionario de Dios, *rico* implica abundancia en tesoros como la paz, el amor, la alegría, la compasión, la bondad y la satisfacción. La definición de Dios es mucho más poderosa que la del mundo, porque la riqueza monetaria no puede eliminar los sentimientos de tristeza, rechazo o fracaso.

Cuando confiamos totalmente en Dios, él nos hace ricos de espíritu. Y esa clase de riqueza eclipsa, y a menudo elimina, nuestras aflicciones más profundas.

Padre amado, gracias por hacerme rica en espíritu. Recuérdame
que mida mi vida y mis riquezas según tus criterios, no los del
mundo. Sé que la riqueza que viene de ti es mucho mayor
que una gran cuenta bancaria. Amén.

UNA FORTALEZA

El Señor es mi luz y mi salvación;
¿a quién temeré? El Señor es el baluarte de mi vida;
¿quién podrá amedrentarme?

SALMOS 27.1 NVI

El miedo es una prisión: oscura, fría y estrecha. Todas las personas han experimentado el asfixiante confinamiento del miedo en un momento u otro. Podemos tener miedo al fracaso, al rechazo, a la enfermedad o a cualquier otra cosa. Sea cual sea nuestro miedo, tenemos una vía de escape. Nuestra relación con Dios nos liberará, si se lo permitimos.

Donde el miedo trae la penumbra, Dios trae la luz para superar la oscuridad. Donde el miedo nos enfría, su luz nos da calor. Y donde el miedo nos confina, la luz de Dios nos libera.

El salmista llama al Señor su fortaleza. En otras palabras, Dios tiene un asidero en nuestras vidas, y no nos dejará ir. Sean cuales sean nuestras circunstancias, podemos relajarnos sabiendo que Dios nos ha rodeado con la fortaleza de su amor, el castillo de su protección. Somos suyos y estamos siempre bajo su cuidado. No tenemos *nada* que temer.

Padre amado, gracias por mantener tu control sobre mi vida.
Recuérdame no tener miedo. Amén.

HALLAR EL TRABAJO ADECUADO

He visto, pues, que nada hay mejor para el hombre que disfrutar de su trabajo, ya que eso le ha tocado. Pues, ¿quién lo traerá para que vea lo que sucederá después de él?

ECLESIASTÉS 3.22 NVI

El trabajo puede ser una fuente de gran satisfacción o de inmenso estrés. Aunque cualquier trabajo tiene presiones y dificultades a veces, deberíamos intentar encontrar un trabajo que nos guste. Si nos da pavor ir a trabajar cada día y perdemos el sueño por la noche por nuestro trabajo, deberíamos considerar la posibilidad de encontrar otro trabajo o línea de trabajo.

Se supone que el trabajo nos ayuda a dormir *mejor*, no nos impide descansar. Se supone que debe proporcionarnos una mayor autoestima y un sentido de propósito. Si tenemos problemas en el trabajo, primero deberíamos asegurarnos de que estamos ofreciendo nuestro mejor esfuerzo a nuestro jefe. Si lo hacemos y seguimos sin estar contentos, quizá sea el momento de buscar otras opciones. Dios quiere que seamos felices en nuestro trabajo.

Padre amado, tú me has creado. Tú conoces mi corazón, mis dones y mis talentos. Por favor, ayúdame a encontrar un empleo que se ajuste a mis talentos y a mis preferencias. Quiero ser feliz en mi trabajo. Amén.

RECETA PARA UNA VIDA CRISTIANA

*Alégrense en la esperanza, muestren paciencia
en el sufrimiento, perseveren en la oración.*

ROMANOS 12.12 NVI

Este versículo contiene una receta para una vida cristiana exitosa. El primer ingrediente es la esperanza, a la que debemos aferrarnos con alegría. En realidad, ambas van de la mano. Cuando descubrimos la esperanza —o la promesa de cosas buenas— que tenemos en Cristo, no podemos evitar sentir alegría en nuestros corazones.

El segundo ingrediente es la paciencia, que aplicamos en todas las aflicciones con que nos encontramos. Nuestra naturaleza humana nos impulsa a ser personas difíciles e impacientes durante los tiempos duros, pero Dios quiere que mostremos paciencia incluso cuando es difícil. Quiere que esperemos su tiempo perfecto y que confiemos en él.

Por último, añadimos el ingrediente más importante, que es la oración. Debemos orar continuamente. Dios quiere estar involucrado en cada momento de nuestras vidas. Cuando incluimos cada uno de estos tres ingredientes, encontramos fuerza, alegría y paz en su presencia.

---

*Padre amado, gracias por esta receta para una vida piadosa.
Ayúdame a incluir cada ingrediente en mi vida, en las
cantidades correctas. Amén.*

NADA QUE TEMER

Él se levantó, reprendió al viento y ordenó al mar: —¡Silencio!
¡Cálmate! El viento se calmó y todo quedó completamente
tranquilo. —¿Por qué tienen tanto miedo? —dijo a sus
discípulos—. ¿Todavía no tienen fe?

Marcos 4.39–40 nvi

Los discípulos temían que la tormenta les alcanzara. No entendían cómo Jesús podía estar tan tranquilo —e incluso dormido— en medio de semejante tempestad. Jesús les mostró que no tenían nada que temer. Él tenía todo bajo control.

Ese día, la suya fue una tormenta física. En nuestras vidas, nos enfrentamos a tormentas de muchos tipos. A veces, parece que Dios está durmiendo, como si no le importaran los problemas que enfrentamos. Así como Jesús ordenó al viento y este le obedeció, Dios tiene dominio sobre cada circunstancia en nuestras vidas. Él nos ama, y si parece ausente puede ser porque sabe que no tenemos nada que temer. Él no está preocupado, porque ya se ha ocupado de todas nuestras necesidades.

Cuando sintamos temor, podemos imaginarnos a Dios ordenando a nuestras situaciones: «¡Silencio! ¡Cálmate!». Podemos confiar en él, en su poder y en su amor eterno por nosotros.

Padre amado, confío en ti. Amén.

DISCIPLINA CONSTANTE Y AMOROSA

La necedad es parte del corazón juvenil,
pero la vara de la disciplina la corrige.

PROVERBIOS 22.15 NVI

Muchas personas creen erróneamente que este versículo se refiere al castigo corporal. Se han escrito volúmenes sobre si el uso de la vara, o los azotes, es un castigo apropiado. Sea cual sea el lado en que te encuentres, todos debemos estar de acuerdo en que este versículo se refiere a la necesidad de disciplina.

Todos nacemos con tendencia a pecar. Está en nuestra naturaleza. Somos personas egocéntricas y codiciosas. La disciplina, o la formación consistente, nos ayuda a convertirnos en personas desinteresadas, centradas en los demás y generosas. Este tipo de transformación nunca se producirá por sí sola. Solo se produce mediante una enseñanza persistente.

La crianza de los hijos es un trabajo largo y agotador, y a veces es fácil ignorar los adorables y desagradables hábitos que desarrollan los más pequeños. Pero si no disciplinamos a nuestros hijos, no gustarán a los demás cuando sean adultos. Cuando disciplinamos con una diligencia constante y cariñosa, formamos y desarrollamos personas cariñosas y exitosas que son amadas y queridas.

Padre amado, ayúdame a disciplinar a mis hijos
con consistencia y amor. Amén.

ACÉRCATE EN FE

Pero Jesús se volvió y, al verla, le dijo: —Ánimo, hija,
tu fe te ha salvado. Y en aquel mismo instante
la mujer recuperó la salud.

MATEO 9.22 BLPH

Esta mujer podría ser catalogada en nuestra sociedad como feminista. En un mundo en el que las mujeres tenían pocos derechos y eran tratadas como ciudadanas de segunda clase, esta mujer tuvo el valor de ayudarse a sí misma. Durante doce años, había sangrado sin parar. Se la consideraba impura. Era una marginada. Y, sin embargo, se abrió paso entre la multitud hasta el sanador, hasta la única persona que sabía que podía ayudarla.

Cuando toda esperanza parece perdida, cuando los demás nos descartan y nos tratan como si fuéramos perdedores y no importáramos, podemos aprender de esta mujer. Podemos levantarnos, sacudirnos el polvo y hacer lo que debemos para ayudarnos a nosotros mismos. Y lo más importante que podemos hacer, lo que dará los mejores resultados, es ir a Cristo. Acudir a él, sabiendo que es él quien puede ayudarnos. Él nos mirará y dirá: «Ánimo, hija, tu fe te ha salvado».

Padre amado, me dirijo a ti con fe.
Necesito que me ayudes. Amén.

CONFÍA EN SU CORAZÓN

Envió su palabra y los salvó,
los libró de la tumba.
SALMOS 107.20 BLPH

Cuando pensamos en sanidad, solemos pensar en nuestra salud física. Pero la curación adopta muchas formas. A veces oramos por la sanación física de nuestros seres queridos o de nosotros mismos, pero Dios quiere hacer un milagro aún mayor. Él quiere sanar nuestro espíritu. Quiere librarnos de la destrucción.

¿Y si, en su gran misericordia, Dios sabe que la sanidad física nos llevará a un camino de destrucción aún mayor? ¿Y si nuestro ser querido está físicamente enfermo pero emocionalmente sano, y *somos* nosotros los que necesitamos la curación espiritual? ¿Y si esa dolencia física nos acerca a él, nos mantiene aferrados a él de una manera que nunca ocurriría si todo estuviera bien?

Dios quiere sanarnos de nuestras enfermedades. Pero aún más, quiere librarnos de la destrucción. Necesitamos confiar en su amor por nosotros, sabiendo que en su corazón tiene lo mejor para nosotros, en todo momento.

Padre amado, confío en ti. Por favor,
sáname de lo que necesite ser sanada. Amén.

COMPARTIR LA CARGA

Más valen dos que uno, porque obtienen
más fruto de su esfuerzo.
<small>ECLESIASTÉS 4.9 NVI</small>

Una de las razones por las que Dios creó el trabajo es para conectarnos con otras personas. La mayoría de los trabajos tienen como objetivo ayudar a los demás, prestar un servicio a los demás u ofrecer un producto que mejore la vida de los demás. Dios es todo relaciones.

Cuando tratamos de abrirnos paso en nuestro trabajo como un «Llanero solitario», el nivel de satisfacción laboral disminuye. Incluso los introvertidos necesitan conexiones. Cuando conectamos con otros y nos ayudamos a encontrar el éxito en nuestro empleo, nos sentimos fortalecidos. Nos reímos más, sonreímos más y somos más productivos.

En lugar de preocuparnos por cómo podemos ampliar nuestra propia sensación de satisfacción en el trabajo, quizá podamos centrarnos en ayudar a otra persona a encontrar más satisfacción. Establecer relaciones y compartir la carga aumentará nuestro rendimiento laboral y la sensación de satisfacción que encontramos en nuestro propio trabajo.

Padre amado, ayúdame a ayudar a alguien en su trabajo hoy.
Pon en mi vida compañeros con los que pueda compartir
la carga de trabajo. Amén.

DIOS VE... ÉL ESCUCHA

Desde lo más profundo de la fosa invoqué, SEÑOR, tu nombre,
y tú escuchaste mi plegaria;
no cerraste tus oídos a mi clamor.

LAMENTACIONES 3.55–56 NVI

¿Alguna vez has sentido que tus oraciones no pasan del techo? A veces, parece que nos hundimos más y más en un pozo sin fondo, y nuestros gritos de ayuda ni siquiera llegan a la superficie.

Pero Dios escucha. Se inclina para escuchar; espera ansiosamente que lo busquemos, que clamemos a él. El sonido más precioso del mundo para él debe de ser el de uno de sus hijos amados invocando su nombre.

En medio de los problemas más profundos y oscuros, podemos confiar en que Dios ve. Que nos escucha. Y en el silencio, en el tiempo de espera, él está trabajando activamente para entretejer cada circunstancia de forma que resulte en nuestro bien.

Padre amado, a veces parece que no me escuchas, pero sé
que eso no es cierto. Por favor, escúchame. Permíteme sentir
la evidencia de tu presencia hoy. Te amo, confío en ti
y sé que eres bueno. Amén.

UN AGARRE FIRME

Y Dios puede hacer que toda gracia abunde para ustedes,
a fin de que teniendo siempre todo lo suficiente en todas
las cosas, abunden para toda buena obra.

2 CORINTIOS 9.8 NBLA

Cuando estamos escasos de dinero o de recursos, nuestro primer instinto suele ser agarrar con un poco más de fuerza lo que tenemos. Si no tenemos cuidado, podemos llegar a ser tacaños con las bendiciones que Dios nos ha dado. Pero Dios es un Dios generoso, y quiere que sus hijos lo sean también.

Dios nos da más de lo que necesitamos. No nos da abundancia para que la acumulemos y compremos más cosas temporales. Le gusta vernos felices, y no está mal comprar cosas para mejorar nuestra vida, siempre que nuestra propia comodidad no obstaculice nuestra generosidad.

Dios suplirá nuestras necesidades. A su vez, él quiere que suplamos las necesidades de los demás. Cuando seguimos este principio de dar con generosidad, a menudo descubrimos que nos sobra lo suficiente para suplir tanto nuestros deseos como nuestras necesidades.

Padre amado, enséñame a ser generosa, como tú. Amén.

RODEADOS DE CONSUELO

Alabado sea el Dios y Padre de nuestro Señor Jesucristo,
Padre misericordioso y Dios de toda consolación, quien nos
consuela en todas nuestras tribulaciones para que, con el
mismo consuelo que de Dios hemos recibido, también nosotros
podamos consolar a todos los que sufren.

2 CORINTIOS 1.3–4 NVI

A todos nos gusta sentirnos cómodos, o rodeados de comodidad. Cuando estamos cómodos, estamos relajados y contentos en la presencia de Dios, a pesar de nuestras circunstancias. Dios está lleno de compasión, y cuando estamos pasando por un momento difícil, podemos estar seguros de que él está ahí, esperando, queriendo consolarnos.

Somos sus mensajeros en esta tierra. Como él nos cuida con tanta ternura, quiere que nos volvamos y cuidemos de los demás. Debemos ofrecer consuelo y compasión a las personas que están sufriendo. Cuando lo hacemos, las bendiciones son dobles. Las personas que consolamos reciben una muestra de la bondad de Dios, y nosotros también somos consolados. Dios sabe que cuando centramos nuestros corazones en el cuidado de los demás, nos olvidamos de nuestros propios problemas por un tiempo.

Padre amado, gracias por tu consuelo. Ayúdame a consolar
a otros que lo necesiten. Amén.

CON TODO TU PODER

Y todo lo que te venga a la mano, hazlo con todo empeño;
porque en el sepulcro, adonde te diriges, no hay trabajo
ni planes ni conocimiento ni sabiduría.

ECLESIASTÉS 9.10 NVI

Dios nos dio la capacidad de hacer todo tipo de cosas. Pero lo que no podemos es hacer que el tiempo regrese. Una vez que un día se ha ido, se ha ido. Por eso es importante aprovechar al máximo nuestro tiempo cuando lo tenemos.

Sea lo que sea que estemos haciendo, Dios quiere que nos entreguemos por completo a ello. Si estamos en una reunión de negocios, pero enviamos mensajes de texto en secreto a nuestras amigas por debajo de la mesa, no estamos dando todo nuestro ser a esa reunión. Si estamos trabajando en la computadora, pero permitimos que las redes sociales nos distraigan, no nos estamos entregando por completo a nuestro trabajo. El día terminará y puede que nos preguntemos por qué no hemos conseguido más.

Mira a tu alrededor. Cuando haya que hacer algo, hazlo. Hazlo con todas tus fuerzas, hasta que el trabajo esté terminado. Entonces, cuando acabe el día, tendrás la sensación de haber realizado una tarea bien hecha.

Padre amado, ayúdame a concentrarme y trabajar duro. Amén.

LO QUE ES CORRECTO

No te creas demasiado sabio;
honra al SEÑOR y apártate del mal:
¡esa es la mejor medicina
para fortalecer tu cuerpo!
PROVERBIOS 3.7–8 DHH

A veces, lo que *parece* bien no *es* necesariamente lo correcto. Cuando queremos algo, es fácil razonarlo en nuestra mente. Confiar en nuestra propia sabiduría puede meternos en problemas.

La sabiduría de Dios nunca nos defraudará. Aunque vivir según sus principios a menudo nos *parece* contrario a nuestra naturaleza pecaminosa, podemos estar seguros de que los caminos de Dios solo, y siempre, nos llevarán por un camino de vida y paz y un profundo e incomparable gozo interior.

Si lo que buscamos es la gratificación inmediata, entonces el camino a seguir es nuestra propia sabiduría. Pero si anhelamos la salud —física, emocional y espiritual— a largo plazo, entonces debemos dejar de lado lo que nos parece correcto, si es contrario a la Palabra de Dios, y hacer lo que *es* correcto.

Padre amado, ayúdame a seguir tu sabiduría y no la mía.
Confío en ti, y sé que me guiarás por el mejor camino
para mi vida. Amén.

VIGILAR DE CERCA

La vara de la disciplina imparte sabiduría,
pero el hijo malcriado avergüenza a su madre.

PROVERBIOS 29.15 NVI

Un pastor tiene un trabajo duro. Las ovejas tienden a extraviarse, y él tiene que mantenerlas agrupadas y a salvo. Si se las deja solas, las ovejas seguramente se perderán en terreno peligroso o en el camino equivocado.

Los seres humanos somos similares a las ovejas. Cuando se nos deja a nuestra propia sabiduría y deseos, lo más probable es que nos desviemos por el camino equivocado. Nos perderemos, tomaremos malas decisiones y avergonzaremos a las personas que amamos.

Así que es lógico que, como padres, tengamos que vigilar de cerca a nuestros hijos. Necesitamos enseñarles, formarlos y disciplinarlos. Si los dejamos tomar sus propias decisiones demasiado pronto y con demasiada frecuencia, cederán a la naturaleza pecaminosa, lo que causará dolor de corazón y destrucción. La enseñanza consistente y la corrección conducen a decisiones sabias.

Padre amado, gracias por tu amorosa disciplina
en mi vida. Ayúdame a ofrecer el mismo tipo de amor
y corrección a mis propios hijos. Amén.

INVERTIR EN LAS RELACIONES

*Marta, por su parte, se sentía abrumada porque tenía mucho
que hacer. Así que se acercó a él y le dijo:
—Señor, ¿no te importa que mi hermana me haya dejado
sirviendo sola? ¡Dile que me ayude!*

LUCAS 10.40 NVI

Vivimos en el mundo de *Marta*. Se han escrito miles, quizás
millones, de libros para ayudarnos a aumentar nuestra productividad. Cuando Marta sintió que su hermana le había
dejado todo el trabajo, se alteró, y es comprensible.

Aunque Dios admira el trabajo duro y el trabajo bien hecho, su prioridad son siempre, *siempre*, las relaciones. Lo que
Marta supo ver es que María, en ese momento, había hecho
una mejor elección. María eligió sentarse a los pies de Jesús,
escuchar sus historias y volcar su atención en esa relación.

A Dios le agrada que trabajemos duro. Sin embargo, no
se complace cuando valoramos el trabajo por encima de las
personas. Fuimos creados para conectar con otras personas.
A veces tenemos que tomar una decisión, dejar nuestras herramientas y dedicar tiempo y atención a nuestras relaciones.

*Padre amado, dame sabiduría para ver cuándo trabajar
y cuándo construir una relación. Amén.*

CUANDO SE DILUYE LA ESPERANZA

*Trabajen, pero no por la comida que es perecedera,
sino por la que permanece para vida eterna, la cual les dará
el Hijo del hombre. Sobre este ha puesto Dios el Padre
su sello de aprobación.*

JUAN 6.27 NVI

Cuando el dinero escasea y no sabemos de dónde saldrá la próxima comida, es fácil desanimarse. En esos momentos, podemos perder la esperanza. Sin embargo, es durante las pruebas más duras de la vida cuando a menudo sentimos la presencia de Dios de forma más abrumadora. Cuando la esperanza se debilita, Dios es fuerte. Él está presente. Y es bueno.

Es difícil no dejar que el miedo y la ansiedad dominen nuestros corazones, sobre todo cuando las cosas no van como queremos. Pero Dios quiere que confiemos en él. Cuando elegimos la fe y la esperanza, incluso durante las pruebas... cuando continuamos trabajando para complacer a nuestro Padre celestial, él ve, y pone un sello de aprobación en nuestras vidas. Aguanta. Las bendiciones están en camino.

*Padre amado, recuérdame tu presencia. Quiero confiar en ti,
complacerte y vivir para ti. Amén.*

RECONCILIACIÓN

Cuando el Señor aprueba la conducta de un hombre,
hasta con sus enemigos lo reconcilia.

PROVERBIOS 16.7 NVI

¿No sería estupendo que cada enemigo que tengamos decidiera que quiere vivir en paz con nosotros? ¡Qué existencia tan gloriosa sería! La Palabra de Dios nos dice que es posible. Cuando vivimos nuestras vidas para complacer a Dios, cuando nuestros pensamientos y acciones se rigen por lo que lo hace feliz, él nos bendecirá. Y una de las formas en que nos bendice es haciendo que nuestros enemigos hagan las paces con nosotros.

Eso no significa necesariamente que nuestros enemigos se conviertan en nuestros mejores amigos, o que seamos una gran familia feliz. Siempre habrá diferencias de opinión y estilos de vida. Pero cuando vivimos para agradar a Dios —lo que incluye ser un pacificador— somos capaces de vivir y dejar vivir. Dios hace que nuestros enemigos retrocedan, nos dejen en paz y se dediquen a sus asuntos sin interrumpir nuestra paz.

Padre amado, quiero complacerte y quiero vivir en paz con mis
enemigos. Muéstrame cómo hacer mi parte. Amén.

INVÓCALO

Te invoqué, y viniste a mí; «No temas», me dijiste.
LAMENTACIONES 3.57 NVI

Dios prometió no dejarnos ni abandonarnos nunca. Pero a veces parece que está a un millón de kilómetros de distancia. Cuando los problemas amenazan con abrumarnos, puede parecer que Dios se ha tomado unas largas vacaciones. Nos sentimos olvidados. Nos sentimos asustados y solos.

Cuando lo invocamos, él se acerca como un soplo, como el latido de nuestro corazón. En respuesta a nuestras súplicas desesperadas por su presencia, él susurra: *«Calla, hija. No tengas miedo. Estoy aquí».*

¿Lo sientes lejano? Invócalo. Llámalo una y otra vez, hasta que su presencia llene el espacio que ocupas. Llámalo y escucha su respuesta. Él está ahí, sosteniéndote en sus brazos, atrayéndote a su regazo y consolándote.

---

*Padre amado, sé que prometiste no dejarme nunca,
pero ahora mismo no puedo sentir tu presencia. Parece que
te has olvidado de mí. Tengo miedo y me siento sola.
Por favor, ven; te necesito. Amén.*

MÁS BENDECIDOS PARA DAR

Con mi ejemplo les he mostrado que es preciso trabajar duro
para ayudar a los necesitados, recordando las palabras del
Señor Jesús: «Hay más dicha en dar que en recibir».

HECHOS 20.35 NVI

Es frustrante cuando sentimos que llevamos más de lo que nos corresponde. Dios nos diseñó para trabajar duro, y a veces trabajamos más que los que nos rodean. Cuando sentimos que los demás se benefician de nuestro trabajo, puede aparecer el resentimiento.

Pero ese resentimiento se desvanece rápidamente cuando miramos las cosas de la manera en la que Pablo nos instruye. ¿No es mejor ser el fuerte? ¿No es mejor ser el que tiene de sobra, el que posee algo que dar? ¿Cuánto más difícil sería si no pudiéramos trabajar porque estamos débiles física, mental o emocionalmente?

La capacidad de trabajar es una bendición. La capacidad de dar a los demás y de llevar una parte más pesada de la carga —porque somos fuertes— es un don aún mayor. La generosidad con los demás es un privilegio, no una maldición.

Padre amado, gracias por las oportunidades de trabajar
duro y compartir con los demás. Amén.

ANDAR EN FE Y SABIDURÍA

Claro que así la autenticidad de la fe que ustedes
profesan —de más valor que el oro, que no deja de ser caduco
aunque sea acrisolado por el fuego— será motivo de alabanza,
de gloria y de honor, cuando se manifieste Jesucristo.

1 PEDRO 1.7 BLPH

Una característica de la sabiduría es la capacidad de ver más allá. Es la habilidad para mirar más allá del aquí y ahora y saber lo que hay en el futuro. Al igual que la sal y la pimienta, la fe y la sabiduría son un conjunto que combina.

Cuando nos falta fe y sabiduría, nuestras acciones nos sirven aquí y ahora. Pero sin previsión, nos encontraremos al final de nuestras vidas con poco que mostrar por nuestro trabajo. Con fe, sabemos que lo mejor está por venir. Cuando caminamos con fe, lo hacemos sabiendo que al final de este viaje nos esperan grandes recompensas.

Padre amado, sé que tienes cosas increíbles reservadas para mí.
Dame sabiduría para dejar de lado las cosas que me distraen,
y ayúdame a caminar con fe hacia la meta final
de complacerte. Amén.

CONFIANZA EN EL PROVEEDOR

Bendito el hombre que confía en el SEÑOR y pone su confianza
en él. Será como un árbol plantado junto al agua, que extiende
sus raíces hacia la corriente; no teme que llegue el calor, y sus
hojas están siempre verdes. En época de sequía no se angustia,
y nunca deja de dar fruto.

JEREMÍAS 17.7-8 NVI

Todos pasamos por épocas de sequía financiera. Son los momentos en los que sale más dinero del que entra. Durante la sequía, nuestro primer instinto suele ser preocuparnos y estresarnos por el futuro.

Pero bienaventurados los que confían en el Señor, los que han hecho del Señor su esperanza y su confianza. ¿Quién necesita la lluvia, cuando tenemos a Dios? Cuando estamos firmemente posicionados en él, en su Palabra, en sus promesas, tenemos una fuente que es profunda y nunca se secará. Cuando ponemos nuestra confianza en Dios como nuestro Proveedor, continuaremos siendo productivos, incluso cuando nuestras finanzas parezcan resecas.

Padre amado, en lo que respecta a mis
finanzas —y en todo lo demás en mi vida— pongo
toda mi esperanza y confianza en ti. Amén.

CAMINOS MÁS ELEVADOS

*Con estas manos nos matamos trabajando. Si nos maldicen,
bendecimos; si nos persiguen, lo soportamos.*

1 CORINTIOS 4.12 NVI

A veces, lo que Dios espera de nosotros no tiene ningún sentido. Va en contra de cada partícula de la naturaleza humana. Después de todo, es natural maldecir a alguien que nos maldice. Es normal defenderse cuando otros nos persiguen.

Sin embargo, los caminos de Dios son más elevados que los nuestros. Aunque su sabiduría pueda parecer poco natural, siempre nos llevará a tener más paz y más satisfacción en nuestras vidas. Dios lo ve todo, y se vengará de los injustos. Él no quiere que nos preocupemos por eso. Quiere que devolvamos el odio con amor. Quiere que devolvamos la crueldad con bondad. Y Dios, que lo sabe todo, recompensará nuestro esfuerzo constante y la pureza de nuestro corazón, y hará una justicia mucho mejor de la que podríamos imaginar.

---

*Padre amado, ayúdame a trabajar duro y a mostrar humildad.
Confío en que tú te encargarás de la injusticia
como mejor te parezca. Amén.*

PRINCIPIOS BÍBLICOS

De una misma boca salen bendición y maldición.
Hermanos míos, esto no debe ser así.

SANTIAGO 3.10 NVI

¿Has conocido alguna vez a una persona con dos caras? Nos guste o no, todos tenemos la tendencia a ser un poco así, si no tenemos cuidado. Sonreímos a la cara de una persona y susurramos cosas negativas a sus espaldas. Santiago nos advierte contra ese comportamiento. Está mal. Causa dolor y rompe relaciones.

Cuando tratamos con otros, necesitamos emplear los principios enseñados en las Escrituras. No debemos permitir que salgan de nuestra boca palabras malsanas y negativas, sino solo lo que sea útil para edificar a los demás (Efesios 4.29). Cuando confrontemos a alguien, debemos hacerlo en privado, con un espíritu amoroso y amable. Pero ser amables a la cara de alguien y chismorrear sobre esa persona a sus espaldas no es la forma en que los hijos de Dios están llamados a actuar. Si necesitamos desahogar nuestras frustraciones, siempre podemos hacerlo de rodillas, ante nuestro Padre celestial, que escucha, que sabe y que se preocupa.

Padre amado, ayúdame a saber cuándo decir la verdad con amor
y cuándo callar. No quiero tener dos caras. Amén.

MANTENERSE CERCA

*El Señor está cerca de los quebrantados de corazón, y salva
a los de espíritu abatido. Muchas son las angustias del justo,
pero el Señor lo librará de todas ellas.*

Salmos 34.18–19 nvi

Cuando nuestros corazones están rotos y nuestros espíritus
aplastados, podemos saber sin duda que Dios está ahí con
nosotros. Llora con nosotros. Se duele con nosotros. No puede
alejarse de nosotros cuando estamos sufriendo, porque siente
pasión por nosotros.

La Palabra de Dios no promete una vida fácil. Los problemas nos perseguirán tanto si vivimos para Dios como si no.
Sin embargo, se nos asegura que si seguimos a Dios, si vivimos
para él, nunca nos dejará atravesar nuestras dificultades solos.
Cuando nos sentimos solos, podemos simplemente respirar.
Su presencia está ahí mismo, llenando cada respiración, pal-
pitando con cada latido de nuestro corazón. Él caminará con
nosotros en cada paso doloroso del camino, y nos llevará a
un lugar de esperanza, alegría y paz.

*Padre amado, gracias por permanecer cerca de mí.
Ayúdame a sentir tu presencia. Amén.*

PRIMERO DIOS

Pero Pedro y los apóstoles respondieron:
«Debemos obedecer a Dios en vez de obedecer a los hombres».

HECHOS 5.29 NBLA

Una y otra vez, Dios nos pide que respetemos la ley y honremos a la autoridad. Hay una excepción a esa regla. Si el gobierno o nuestro jefe nos piden que los elijamos a ellos antes que a Dios, estamos exentos. Siempre, siempre, debemos elegir a Dios.

La mayoría de las veces, honramos a la autoridad llegando a tiempo, siguiendo las reglas (incluso si no estamos de acuerdo con ellas) y mostrando respeto público, si no apoyo. Pero cuando nos enfrentamos a una elección entre Dios y el gobierno, nuestra fe o nuestro salario, Dios es lo primero. Incluso si esa elección nos cuesta la vida, debemos elegir a Dios. Ya sabemos cómo termina la historia: ganamos. Pasaremos la eternidad con él en el cielo.

La mayoría de las decisiones no son tan importantes. Cuando nuestras preferencias se enfrentan a nuestra autoridad, debemos honrar a los que tienen autoridad. Pero cuando se trata de elegir entre la fe y el favor, siempre debemos elegir la fe.

Padre amado, dame sabiduría para saber
cuándo someterme y cuándo luchar. Amén.

¡NUNCA EN VANO!

Por lo tanto, mis queridos hermanos, manténganse firmes
e inconmovibles, progresando siempre en la obra del Señor,
conscientes de que su trabajo en el Señor no es en vano.

1 Corintios 15.58 nvi

Cuando algo se hace en vano, significa que es inútil. Vano. No tiene propósito ni resultados duraderos. Cuando trabajamos y trabajamos, y sentimos que no llegamos a ninguna parte, puede parecer que nuestro trabajo ha sido en vano.

Pero el trabajo realizado para el Señor nunca es infructuoso. El tiempo de Dios es diferente al nuestro, y puede que no veamos los frutos tan rápido como nos gustaría. Pero siempre que trabajemos duro, con el objetivo de agradar a Dios, nuestro trabajo no será en vano. Dios ve, sabe, y recompensará a aquellos que le entregan sus corazones —y sus acciones subsecuentes— a él.

Padre amado, a veces tengo ganas de rendirme. A veces siento
que mi duro trabajo no está logrando las cosas que necesito
lograr. Sin embargo, te amo; tuyo es mi corazón. Seguiré
adelante, por ti. Amén.

CRISTO ESTÁ DE NUESTRA PARTE

Tú, SEÑOR, te pusiste de mi parte y me salvaste la vida.
LAMENTACIONES 3.58 NVI

En 1 Juan, capítulo 2, se habla de Cristo como nuestro abogado, o nuestro mediador. En otras palabras, es nuestro defensor, que aboga por nuestra causa. Cientos de años antes de que Cristo caminara por la tierra, Jeremías utilizó la misma figura retórica. Como un abogado, Dios ha tomado nuestro caso y trabaja apasionadamente en nuestro favor.

Aunque las circunstancias amenacen con abrumarnos, podemos relajarnos, porque Dios es a la vez abogado y juez. Él nos ama. Siempre está a nuestro favor, nunca en contra. No importa en qué tipo de problema nos encontremos, o cómo hayamos llegado a nuestra situación actual. Él tiene como meta nuestro bien final, y trabaja incansablemente para llevar a cabo su hermoso propósito en nuestras vidas.

Padre amado, gracias por este recordatorio de que tú eres mi Abogado. Has tomado mi caso, y estás trabajando ahora mismo en mi favor. Confío en ti, y sé que de alguna manera tú redimirás esta situación para mi bien y para tu propósito. Amén.

CORAZÓN DADOR

No seas mezquino, sino generoso, y así el SEÑOR tu Dios
bendecirá todos tus trabajos y todo lo que emprendas.

DEUTERONOMIO 15.10 NVI

Cuando las finanzas van ajustadas, es fácil poner la ofrenda a Dios al final de la lista. Primero pagamos nuestras otras cuentas y, si queda algo, se lo damos a Dios. Tal vez.

O nos adelantamos y le damos a Dios primero, pero no nos gusta. Nos quejamos. Pensamos, si no tuviera que dar mi diezmo, me quedaría suficiente para pagar otras cosas más importantes. Puede que no admitamos que nos sentimos así, pero si examinamos nuestros corazones, a menudo encontraremos un poco de resentimiento por lo que le damos a Dios.

Dios no necesita nuestro dinero. Quiere nuestros corazones. Cuando nos alegramos de lo que le damos a Dios, él está encantado. Cuando le damos generosamente, con amor y emoción por la ofrenda, él nos bendice.

Padre amado, puede que no tenga mucho que dar, pero quiero
dar todo lo que pueda. Te amo. Amén.

PAZ EN LA TORMENTA

Jesús les dijo: —¿A qué viene ese miedo?
¿Por qué es tan débil su fe?
Entonces se levantó, increpó a los vientos
y al lago y todo quedó en calma.

MATEO 8.26 BLPH

Si miramos a nuestro pasado, podemos ver la mano de Dios actuando. Podemos ver que, por muy mal que hayan ido las cosas, Dios estaba a nuestro lado, dirigiendo nuestro barco y manteniéndonos a salvo. Pero las historias de la bondad de Dios van mucho más allá de nuestra propia vida. A lo largo de la historia, Dios se ha mostrado fiel a nuestros padres y abuelos, a todos nuestros antepasados, desde los tiempos bíblicos hasta el principio de los tiempos.

Entonces, ¿por qué lo cuestionamos? ¿Por qué miramos nuestras tormentas actuales y sentimos miedo? Cuando nos encontramos con poca fe, podemos recordar nuestras historias, y las historias de los que nos precedieron, y encontraremos paz.

Padre amado, perdóname por mi falta de fe. Por favor,
recuérdame tu poder y calma mi tormenta. Amén.

HUMILDE Y DISPUESTA

Porque, incluso cuando estábamos con ustedes, les ordenamos:
«El que no quiera trabajar, que tampoco coma».

2 Tesalonicenses 3.10 nvi

Algunos pueden cuestionar este versículo por considerar que muestra una falta de compasión por los hambrientos. Sin embargo, este versículo no se refiere a los que no pueden trabajar. Pablo dice claramente que se refiere a los que no están *dispuestos* a trabajar. Dios nos creó a su imagen y semejanza; nos hizo para trabajar.

Cuando estamos enfermos, o las circunstancias más allá de nuestro control nos impiden trabajar, Dios lo ve. Él proveerá a sus hijos que *quieren* trabajar, pero que no son capaces. Pero cuando somos perezosos, cuando elegimos no trabajar porque preferimos dejar que otros lleven la carga, Dios no se complace. Dios quiere que estemos dispuestos y seamos lo suficientemente humildes para hacer lo que hay que hacer, para que podamos tener el respeto a nosotros mismos que viene de trabajar por nuestra comida y nuestras otras necesidades.

Padre amado, estoy dispuesta a trabajar. Por favor,
proporcióname el trabajo adecuado. Amén.

AFÉRRATE A ÉL

Dios está en ella, la ciudad no caerá;
al rayar el alba Dios le brindará su ayuda.

SALMOS 46.5 NVI

La voz de la depresión parece hablar más fuerte por la noche. Nos quedamos despiertos, escuchando pensamientos sobre lo hundidos que estamos o lo mal que pueden ir las cosas. Nos sentimos impotentes y sin esperanza, y estamos seguros de que vamos a fracasar.

Si acallamos nuestras almas y escuchamos realmente, sabremos que Dios está ahí, susurrando su amor, su esperanza y su ayuda. Él está dentro de nuestros corazones y, si nos aferramos a él, nos sostendrá. No nos dejará caer bajo el peso de nuestra depresión.

Salmos 30.5 nos dice que la tristeza puede durar toda la noche, pero por la mañana llega la alegría. En el versículo anterior, el salmista nos asegura que si podemos aguantar hasta el amanecer, Dios hará notar su presencia y nos hará pasar otro día.

Padre amado, gracias por tu promesa de ayudarme
y sostenerme. Gracias por los nuevos días y los nuevos
comienzos. Amén.

NUESTRO DEFENSOR

Tú, SEÑOR, viste el mal que me causaron;
¡hazme justicia!

LAMENTACIONES 3.59 NVI

Una de las preguntas más frecuentes, cuando se trata de cuestiones de fe, es *¿por qué?* ¿Por qué permite Dios que le ocurran cosas malas a las personas que le aman?

Es una pregunta difícil sin una respuesta fácil. La verdad es que Dios *podría* evitar que ocurrieran cosas malas. Pero él quiere que tengamos libertad para elegir, bien o mal.

Esa libertad conlleva un riesgo. Una mala elección tiene un efecto dominó, que causa cosas malas para nosotros y los que nos rodean. Si elijo fumar cigarrillos, puedo tener cáncer, lo que me hará daño. También romperá el corazón de todos los que me aman. Al darnos libertad de elección, Dios decide permitir las consecuencias de esas elecciones.

Él ve cada elección tomada, y cada mal hecho. Es compasivo y justo. Puede que no impida que ocurran cosas malas, pero defenderá nuestra causa.

Padre amado, gracias por sostener mi causa. Amén.

TRABAJO Y AMOR

Porque Dios no es injusto como para olvidarse de las obras
y del amor que, para su gloria, ustedes han mostrado sirviendo
a los santos, como lo siguen haciendo.

HEBREOS 6.10 NVI

En algún momento, todo el mundo se pregunta por su propósito en la vida. Pero la Palabra de Dios deja muy claro cuál es nuestro propósito: estamos aquí para amar. Punto. Fuimos creados para amar a Dios y para amar a otras personas.

El trabajo que hacemos es una de las formas más importantes de mostrar amor. Es a través de nuestro trabajo como ayudamos a los demás. Es por medio de nuestro empleo como cuidamos de nuestras familias. Hagamos lo que hagamos, ya sea limpiar lo que ensucian los demás, prestar un servicio o ayudar a otros a alcanzar su pleno potencial, debemos tener el amor como objetivo principal. Cuando nuestro amor por Dios se derrama continuamente en nuestras relaciones con los demás, Dios se complace, y se asegurará de que seamos recompensados.

Padre amado, recuérdame hoy —y cada día— que mi trabajo es
una forma de mostrarte amor a ti y a otras personas. Amén.

ACERQUÉMONOS...

Acerquémonos, pues, llenos de confianza a ese trono de gracia,
seguros de encontrar la misericordia y el favor divino
en el momento preciso.

HEBREOS 4.16 BLPH

Cuando sentimos que nuestra fe se desvanece, a menudo miramos a nuestro alrededor confundidos, preguntándonos dónde ha ido a parar nuestra confianza en Dios. La fe parece escurridiza; un día está ahí y al siguiente ya no. Pero si somos sinceros con nosotros mismos, nos daremos cuenta de que Dios no se ha movido. Él siempre está en su trono. Si nos sentimos lejos de él, somos nosotros los que nos hemos movido.

Cuando nuestra fe necesita fortalecerse, todo lo que tenemos que hacer es acercarnos a Dios. Encontraremos la confianza que necesitamos, junto con toda la misericordia y la gracia para atravesar cada día, cuando estemos lo más cerca posible de nuestro Padre.

Nos acercamos leyendo su Palabra, orando y escuchando su respuesta. Cuando hacemos estas cosas de manera consistente, descubrimos que nuestra fe es fuerte, y sentimos la paz y el gozo interior que él prometió.

Padre amado, perdóname por haberme alejado siempre
de tu lado. Quiero acercarme a ti. Gracias por acogerme siempre
en tu presencia. Amén.

DISCIPLINA Y SATISFACCIONES

Disciplina a tu hijo, y te traerá tranquilidad;
te dará muchas satisfacciones.

PROVERBIOS 29.17 NVI

Las palabras *disciplina* y *satisfacciones* rara vez se encuentran en la misma frase. La disciplina es un trabajo duro. Es un compromiso para hacer lo mismo, una y otra vez, hasta que se aprenda la lección y se cumpla la tarea. La disciplina es a menudo más un trabajo pesado que un placer. Pero el *resultado* de la disciplina constante es algo hermoso. El acto de la disciplina traerá como resultado el descanso de nuestro espíritu y el deleite de nuestro corazón.

Al igual que un atleta disciplinado puede esperar ese momento de gloria en el que se cuelga una medalla al cuello, el padre que se mantiene firme en la enseñanza y la formación debe tener en mente el objetivo final. Algún día, cuando haya aprendido todas las lecciones, el carácter de ese niño nos traerá alegría, deleite y paz.

Padre amado, ayúdame a mantener el rumbo cuando
se trata de la disciplina amorosa para mis hijos. Recuérdame
que mantenga el objetivo final en mente. Amén.

LA PAZ PERFECTA

Su propósito es firme, va atesorando bienestar, pues confía en ti.
ISAÍAS 26.3 BLPH

La confianza es difícil, incluso con aquellos que podemos ver y tocar. Poner nuestra confianza en Dios, a quien no podemos ver, puede parecer imposible. Cuando la confianza en Dios no es fácil, debemos recordar algunas lecciones de la historia.

Cuando un enorme mar se interponía entre los israelitas y la seguridad, Dios separó las aguas. Cuando cinco mil personas tenían hambre, Cristo los alimentó con una pequeña cesta de comida. Una y otra vez, en la Palabra de Dios, se nos cuenta cómo Dios abre caminos en tiempos de dificultad.

Cuando miramos a nuestro pasado, si somos honestos con nosotros mismos, veremos las huellas de Dios en toda nuestra historia. Tenemos un accidente que podría haber sido fatal. Encontramos un vestido muy necesario para un evento, en el estante de liquidación, con un 75% de descuento. Recibimos una suma de dinero inesperada cuando creíamos que toda esperanza estaba perdida.

Confiar en Dios tiene sentido. Cuando ponemos nuestra confianza en Dios, él satisfará nuestras necesidades y tendremos paz.

Padre amado, confío en ti. Gracias por tu paz. Amén.

UNA FE VIVA

Hermanos míos, ¿de qué aprovechará si alguno dice que tiene fe
y no tiene obras? ¿Podrá la fe salvarlo? Y si un hermano o una
hermana están desnudos y tienen necesidad del mantenimiento
de cada día, y alguno de vosotros les dice: «Id en paz, calentaos
y saciaos», pero no les dais las cosas que son necesarias para el
cuerpo, ¿de qué aprovecha? Así también la fe, si no tiene obras,
está completamente muerta.

SANTIAGO 2.14–17 RVR1995

Cuando oímos a la gente hablar de su fe, pero sus acciones
no coinciden con sus palabras, puede resultar un tanto
nauseabundo. En el fondo, lo hayamos considerado o no,
todos sabemos que la fe se demuestra mejor a través de las
acciones. Por eso Santiago nos señala que la fe que no va
acompañada de obras está muerta. Cuando nuestra fe se
siente muerta, una de las formas más rápidas de revivirla es
simplemente ponerse a trabajar, haciendo la obra de Dios.

Padre amado, quiero que mi fe esté viva. Muéstrame cómo hacer
que mis acciones coincidan con mis palabras. Amén.

COSAS BUENAS

En efecto, si trabajamos y nos esforzamos es porque hemos puesto nuestra esperanza en el Dios viviente, que es el Salvador de todos, especialmente de los que creen.

1 TIMOTEO 4.10 NVI

Posiblemente no haya peor sentimiento en el mundo que el de la esperanza perdida. Dado que la esperanza es la creencia de que sucederán cosas buenas en el futuro, la esperanza perdida refleja la convicción de que no queda nada bueno. Pase lo que pase, solo vendrán cosas malas.

Es una forma bastante triste de existencia.

Cuando tenemos a Cristo, tenemos esperanza. Tenemos la seguridad interna de que, por muy mal que vayan las cosas, ¡las cosas buenas están en camino! Dios nos ama, y siempre está obrando en nuestro favor para darnos esperanza, paz y alegría. Y al final de todo tendremos vida eterna en su presencia.

Gracias a esta esperanza, podemos seguir adelante. Podemos seguir trabajando, esforzándonos y avanzando. No importa lo que ocurra hoy, podemos saber sin duda que las cosas buenas están en camino.

Padre amado, gracias por la promesa de las cosas buenas, gracias por la esperanza. Amén.

ÍNDICE DE REFERENCIAS BÍBLICAS

Nuevo Testamento
Mateo